青少年人生励志丛书

要高分，更要高素质

青少年全面综合素质的培养

吴开霞 / 编著

时代出版传媒股份有限公司
安徽文艺出版社

图书在版编目（CIP）数据

要高分，更要高素质：青少年全面综合素质的培养/吴开霞编著.
—合肥：安徽文艺出版社，2013.6
（时代馆书系·青少年人生励志丛书）
ISBN 978-7-5396-4448-6

Ⅰ.①要… Ⅱ.①吴… Ⅲ.①青少年教育-素质教育 Ⅳ.①G40-012

中国版本图书馆CIP数据核字（2013）第069846号

出 版 人：朱寒冬　　出版统筹：韦　亚
责任编辑：张　磊　　装帧设计：嫁衣工舍　闻　艺

出版发行：时代出版传媒股份有限公司　www.press-mart.com
安徽文艺出版社　www.awpub.com
地　　址：合肥市翡翠路1118号　　邮政编码：230071
营 销 部：（0551）63533889
印　　制：合肥天信印务有限公司　　电　　话：（0551）63446531

开　　本：787×1092　1/16　印张：13　字数：188千字
版　　次：2013年6月第1版　2013年6月第1次印刷
定　　价：22.00元

前言 PREFACE

致广大青少年读者朋友

青少年，谁不对未来充满着期待？谁不憧憬着自己美好的人生？

然而，究竟怎样才能使自己健康地成长？怎样才能使自己能够真正地实现人生精彩的目标？

美国有位老人。一生事业成功，曾创办了十多家企业，还担任过州议员。当人们向他请教人生的秘诀时，他说："人的一生，没有了爱情，只是失去了十分之一；没有了健康，只是失去了一半；但如果没有了梦想，你就失去了一切。什么都可以没有，但不能没有梦想。"

梦想，就是人生追求的方向。成就梦想，就是不断地激励自己在困境中奋斗，在挫折中前行。青少年正值花季，人人都怀揣着不同的梦想，要实现很多的愿望。然而，今天的青少年，当自己被不断花样翻新的电子产品包围时，是否想过未来之路该怎样走？当自己正被充满刺激的网络游戏诱惑时，是否想过自己的人生谁来做主？当自己正为日益加重的成长压力苦恼时，是否想过今天的奋斗究竟是为了什么？

如果此时此刻你还没有想好答案，还不知道如何规划自己的未来人生，那么，不妨抽出时间仔细阅读一下这套《青少年人生励志》丛书，也许你能从中找到自己最想要的理想答案。

《青少年人生励志》丛书，是一套专为青少年成长与成才量身定制的励志图书。丛书共分十个分册，从不同的角度为青少年成长答疑释惑，为青少年成才加油鼓劲，为青少年规划远大前程提供有益的人生指导和精神帮助。

作为《青少年人生励志》丛书的分册之一，《要高分，更要高素质》一书，总结了少年英才的成长规律和素质特征，为广大青少年全面发展和素质提升，提供科学的方法与途径。书中分别介绍了青少年培养学习素质、智力素质、交际素质、道德素质、审美素质等的方法与途径，是青少年人生成长所需要的素质培养指导书。

整套丛书，寓情于理，以一个个朴实深刻的道理，为青少年拨亮心灯，点燃梦想；以一个个真切动人的故事，让青少年心灵触动，产生震撼；以一个个实用可行的方法，让青少年励志奋进，受益终生。

编辑出版这套丛书的目的，是帮助青少年都能乘上英才成长的直通快车，让我们国家未来涌现出更多更强的英才，让今日的青少年都能成为民族未来的中流砥柱。真诚希望丛书能为广大青少年的健康成长与未来成才有所帮助。

编著者

2012年深秋

目录 CONTENTS

第六章　审美素质：滋润心田的“营养素”

绪论：高素质的青少年易成才

一、成才需要综合素质高

我们已经进入了知识经济的时代，这个时代最显著的特征就是人才成为社会最重要的资本，而对人才的素质要求也鲜明地表现出时代的特色。

当今时代需要全面发展的人才，需要在前人甚至同时代人经验和成果的基础上有所突破、有所创新的人才，需要能够从容应对各种社会挑战的人才。

每个青少年将来都要走向社会，都想为社会的进步发展做出较大贡献，那么青少年培养哪些素质才能成才呢？美国哈佛大学教育研究中心提出“现代化人才”的素质分析模型，对于培养青少年的素质是很有启发的。

美国哈佛教育专家认为“现代化人才”应具备的素质特征是：

· 愿意接受新事物，思想上倾向于革新和变化；

· 乐于发表意见；

· 时间观念较强；

· 对本身的能力较有信心；

· 计划性较强；

· 具有普遍的信任感，对周围人有较多的信任；

· 信奉并愿意遵循公平待人的原则；

· 对新式教育感兴趣；

· 比较尊重他人。

同时，一些权威的教育专家也对未来社会人才的素质特征作过另一种描述，他们认为这些未来人才应具备以下十大特征：

· 热情，同义词为：献身、活力、热忱；
· 适应性，对各种环境有较强的适应能力；
· 精力集中，一定时间内能集中精力处理好手中的事；
· 广集资源，善于利用各方信息为己所用；
· 个人权威，能够凭借自己的能力和人脉征服别人；
· 坚韧，事不分大小都能善始善终；
· 乐观，处世豁达大度；
· 创造性，能够开创性地处理一些突发事件；
· 目标明确，决不左右飘移；
· 时间的有效性。

由上可见，教育专家认为当今社会所要求的人才是一种从精神到智力都全面发展的人才，是一种能够从容应付变化更加迅速、竞争更加激烈的社会挑战的人才，任何的偏颇和失衡都会被时代所淘汰。一个人如果仅凭高智力，已很难融入现代社会，而一个具有责任、良知、进取心和创新力等综合素质的人，则更容易成为汇入时代主流的人才。从这个角度上理解，大学文凭几乎等于零，而学习成绩平平的人未必不能修炼成人才。这是哈佛教育理念的精华，也是当代中国家教的宝典。

中国传统的“学习压倒一切，分数高于一切”的教育理念，已经大大落后于社会的进步和发展，走向成才的必由之路当由素质培养起步。

1. 一种独特现象：“第 10 名”的学生受青睐

21世纪展现在世人面前的是一个高节奏、高科技、高风险、高竞争、高压力的别开生面的世界。因此，也就对人才素质有了新的要求。

在某大学一次人才招聘会上，经济管理学院某班60名同学中，共有27人被用人单位选中，而落选的同学不少是班上的高才生、尖子生、专业优等生。其中一位学习中游、成绩常在第10位左右徘徊的同学，被一家合资的大型网络公司聘用。而像这样的情形在不少高校的很多次人才招聘会上都曾发生过。因此而产生了一个奇特现象，“第10名”的学生最受青睐，是用人单位缺少具有慧眼的伯乐吗？是高才生没有被人发现吗？

一位记者对此采访了一些用人单位的人事主管，一位主管的回答揭开了谜底：现代企业用人最重视的是人才的综合素质，尤其是其中的品德素质、创新能力、合作能力、表达能力以及极为重要的自信心素质等。很多尖子生往往缺少这些素质，而第10名左右的学生恰恰在这些方面表现较突出。

现代人才学就认为，人才包括各个行业、各个领域、各个层次的优秀人物，即在所在领域有所突破的人。政治家、军事家、艺术家、科学家、发明家、企业家、技术专家、优秀技术工人、劳动模范……都是各行各业的人才，他们是推动各行各业迅猛前进的主要动力，是国家、民族的中流砥柱。

未来人才学认为，人才是为社会发展和人类进步进行创造性劳动，在某一领域、行业或某一方面做出较大贡献的人。很显然，这既不是指那些为了实现个人野心、沽名钓誉、利用权术爬上高位的人，也不是指那些进行普通劳动、工作表现一般的人。

现代素质教育理念这样认为：21世纪人才的标志，是人才的劳动为创造性劳动。人类的劳动按其性质可分为模仿性劳动、重复性劳动和创造性劳动三种类型。其中创造性劳动，它以前人的经验和成果为基础，有所创新，有所突破，取得比前人更大的成就。人才不同于一般人，最本质的一点就在于他能以自己创造性的劳动超越前人和常人，有所发明，有所前进。

人才通过自己的创造性劳动，产生推动人类社会进步的作用。

21世纪是一个发展迅速、竞争激烈、优胜劣汰的社会，它具有高节奏、高竞争、高风险，并伴有高压力等特点。摆在青少年面前的是希望与痛苦并存，绝望与机遇并存，苦难与磨砺并存，光荣与梦想并存的社会。伴随着愿望的落空和心理挫折的出现，随之也会出现诸如悲观、烦恼、焦虑、抑郁、孤独等消极情绪。严重的消极情绪会使个人心理失衡从而导致个人与社会生活的失调，使得自身生活的频率难以和社会生活的频率同步，个人也难以融合到社会进步的洪流中去。因此，21世纪对人才素质的要求更高，**它不仅要求立志成才的人具有良好的道德素质、智力素质，还对人才的情商素质提出更高的要求。**它要求人才在情商素质上不但具有竞争、合作、应变、创新的意识和能力，而且具有较强的心理耐挫力和自信心。

温馨提示

人才之所以成为人才，就在于他无论是创造物质财富，还是创造精神财富，其成果多于常人，对社会的奉献比一般人多。

2. 一项调查显示：综合素质高的青少年易成才

一份对当代中国100位成功人士的调查报告表明，在1990—2000年这二十年来中国新诞生的成功人士中，80%以上是30岁左右的年轻人，这些年轻人以突出的个人能力和综合素质创造了事业的奇迹。

35岁的杨元庆临危授命，出任联想少帅；38岁的段永平数年时间连创“小霸王”、“步步高”两大品牌，一个南下打工仔的创业神话让全球注目；32岁的美籍台湾青年杨致远因Yahoo一举成名；中国青年张朝阳35岁时创建Sohu名扬天下；网易创始人丁磊当年创业时才28岁……

北京一家人才研究机构进行了一次调查，调查的分析对象，是从1990—2000年二十年间的各类成功人士中随机筛选出的具有较大影响力的100名成功者，其中有企业家、科学家、文学家、艺术家、体育明星及其他行业的成功者，他们涉及不同层次和各个领域。

这次调查所分析的内容，主要包括三大项：一是这100名成功人士的少年时代是怎样度过的；二是他们少年时表现出哪些异于常人的特殊素质；三是这些特殊素质对他们今天的成功有什么影响。

其中，着重从以下16个方面对100位成功人才的青少年时代进行了考察：

· 他们在家庭、学校的种种表现；
· 他们在青少年时代的心理健康状况；
· 他们与同龄人有什么异同之处；
· 他们有哪些兴趣爱好；
· 他们的智力开发情况如何；
· 他们能否从小就能有效地控制自己的情绪；
· 他们是否注重培养自己的独特个性；
· 他们怎样培养和发挥自己的特长；
· 他们的交际能力如何；
· 他们识别他人情感的能力如何；
· 他们的人生观和世界观是否符合道德标准；
· 他们在学校与同学相处的关系如何；
· 他们如何对待自己的学习；
· 他们的兴趣爱好对他们成才的影响；
· 他们是否羞怯、自卑；
· 促使他们成功的最大因素是什么。

通过对调查情况汇总分析，调查者发现，这100位成功人士，从少年时代就表现出以下六个方面的共同素质。

（1）突出的学习能力

这100位成功人士都表现出突出的学习能力。他们都能够迅速学习新知识，掌握新技能。

学习能力是人类生存和发展的根本，人类发展到今天哪一步都离不开学习。学习能力是形成一切能力的基础，是各种能力最基始的元件。**只有学会学习，善于学习才能有一技之长，才能在纷繁复杂的社会中立下脚跟**。从实践中学习，师从他人，从书本中学，通过学习才能习得各种生活、生存的技能。今天是一个信息高度发达的时代，更需要不断的去学习。可以说，不会学习的人就不会工作。

温馨提示

面对纷繁复杂的社会生活，只有具备突出的学习能力，才能掌握最重要的知识，才能占据行业的“制高点”，才能有效组织和利用各种资源，成就一番事业。

（2）良好的智力

100位成功人士的智力水平普遍较高，良好的智力水平是他们取得成功的基础。

我们知道，智力是获得知识和运用知识的能力，是认识世界的能力，它包括观察力、记忆力、注意力、思维力、想象力等。智力是人的最基本素质，它可以使政治思想素质、知识素质转化为各种工作能力。当今社会是以知识经济为主流的社会，所有的成功都离不开知识的积累，而智力水平又是在掌握知识的过程中发展的。

一个人在学习知识时，方法得当、组织有序、勤于思考，同时也就发展了他的观察力、记忆力、想象力、注意力和思维能力。而智力的水平又决定了知识掌握的水平和多寡。**人的智力水平越高，表现得就越聪明，学习知识的速度就越快，数量就越多，质量就越高，深度就越大。**因此，那些成功人士少年时代所表现出的较高智力水平是他们成功的内在素质。

（3）高情商

在100位年轻的成功者中间，有90位以上是高情商者。

所谓“高情商”是指有良好的自我意识，始终能客观地、积极地看待自己；能正确地看待现实，努力克服一切困难和阻力，处处表现出积极进取的精神；有较强的情绪控制力、较强的耐挫力，不会为消极情绪所驱使等等。简言之，它是人的情感和社会技能的总和，是决定人生成功与否的关键，是智力因素以外的一切内容。

研究证明，**少年时代心存高远，求知欲强，敢于幻想，专心听课，而与同伴友好相处的学生，走向社会后，这种情商技能就能帮助他成就一番事业。**

（4）良好的人际交往能力

人与人的交往以及由此形成的人际关系网是社会存在和发展的前提。

良好人际关系的建立依仗较高的交际能力。交际素质主要包括：动员和影响群体成员的能力，仲裁和排解纷争的能力，了解他人的内心世界和情绪动机的能力等。

在我们所处的这个时代，人际关系往往面临着一个共同的课题，即竞争与合作。竞争与合作不是截然对立的，而是相互渗透，相辅相成的，合作中有竞争，竞争中也有合作。我们鼓励竞争、保护竞争，同时又提倡合作，提倡互相关心爱护、互相帮助，只有这样我们才能建立起我们自己强大的“人脉”。**孤家寡人，冷漠无情均是成功路上的绊脚石。**

（5）正确的道德观念

热爱劳动、具有敬业精神、善于与他人合作、关心集体的人在事业上往往会获得成功。

道德观念与成才的关系，实质上是道德和智慧的关系。立志成才的少年朋友，必须给自己的行为架上“道德的罗盘”，才能使自己成才的方向与社会发展的方向一致。这是因为，道德观念差的人尽管也可能才华横溢，并且也想成才，但其道德素质状况决定了他不可能找到成才的正确方向。尤其当其个人利益得不到满足时，往往会置集体利益、人民利益于不顾，与人民的要求背道而驰，甚至走向自我毁灭。**所以，只有加强道德修养，建立正确的道德观念，我们才能成为21世纪的有用人才。**

（6）较高的审美能力

审美是人的精神文明程度的体现，是人的本质力量所在。它主要包括领略自然美、崇尚心灵美、欣赏艺术美等几方面的能力。而在领略、欣赏过程中获得的美感，其本质是客观存在的美在审美者头脑中的反映。这种反映不是机械的反映，而是通过审美者的心理过程的反映。

成功人士的创作灵感大多是长期生活实践和艺术实践的产物，是他以往美感经验的升华。所以，欣赏自然的美和艺术的美不是一个被动和静态的过程，而是一个主动和动态的过程；创造美更是经历了人的心智与体力的共同积极参与的过程。

通过对这100名成功人士的调查汇总，经过科学分析，深入研究，精心总结，我们可以找到影响他们成才的重要素质有哪些，并得出了具体的结论（这或许就是我们所要寻求的答案——他们少年时代所表现出来的成功素质）：**培养人才一定要从青少年抓起，而青少年时期综合素质的培养，则是人生成功与事业成功最重要的基础。**

温馨提示

成功人士为什么能够成功？原因是多方面的，但追根溯源，我们能够发现，成功人士在青少年时代就表现出了良好的综合素质。

3. 为何有人宣称：“北大毕业等于零”

有一位北大毕业生，毕业12年后，以自己的亲身体会，写作并出版了这样的一本书：《北大毕业等于零》。这位北大毕业生，毕业后被分配到政府机关工作，后来，他放弃了稳定的政府工作，12年来，他一直在为各种各样的外企或民企打工。他曾一天进过87家餐馆，不是去吃饭，而是为了推销色拉油。他无数次从头干起，屡挫屡战，凭着这股韧劲，先后做过四个跨国公司的销售总监。

这时，有人会问：名牌大学的学历和水平做着高中生的工作，这不是浪费人才吗?不同学历的人都站在同一条起跑线上公平吗?北大，到底意味着什么?

何谓人才?拥有名牌大学毕业证的就是人才吗?答案是否定的。只有真正满足社会需要的才是人才，而现代社会需要的正是高素质的综合性人才。只要学校考核学生的标准仍是智力和学习能力，北大毕业证也只能证明他学习方面比一般人优秀，只能说明他在某个专业领域有些长处，而并不能说明他具有了较高的综合素质与能力。

现代社会竞争日益激烈，不少名牌高校毕业生在走向工作岗位时，不愿意摆脱头顶上的光环，认为名校毕业证就足够证明自己是个人才，从而陷入这样一种窘境：自己捧着名校毕业证，而招聘单位关注的却是综合素质和实际的工作能力。不得已，他们只能忍受着心理上的不平衡，屈身与那些智力、学历比自己低一等的人站在同一起跑线上。更让他们沮丧的是，因为综合能力欠缺，以至于他们在工作中眼高手低，处处碰壁，高傲的自尊心一次次被击碎。昔日的光环变成沉重的包袱，他们一次又一次地跳槽，一次比一次不满意。

“大学生——天之骄子”，那个历史上曾经闪烁着金属光泽的名词，在市场经济的风雨中，黯然失色。“毕业即失业”，已成为曾经“天之骄子”的悲愤。残酷的现实向青年学子们证明，北大毕业等于零，如果仅仅智力超群，而综合能力不过关，那么即使名校毕业也没有任何意义。

“北大毕业等于零”的现象使人们扼腕叹息，同时也给人们敲响了警钟。

温馨提示

青少年需要全面发展，一定要注重对综合素质和综合能力的培养。仅仅注重学习成绩，很可能会影响青少年的前程。

4. 未来社会需要的是高素质的综合型人才

近几年来，文理渗透、掌握多方面知识的学生在找工作时备受用人单位青睐，因为他们的知识结构合理，接受和适应能力强，有很大的发展潜力。比如，经济报社喜欢录用本科阶段读经济学、研究生阶段读新闻学的毕业生；金融行业喜欢录用本科阶段读理工科、研究生阶段读金融专业的毕业生。销售人员要掌握技术，懂维修；技术人员要了解市场，有销售技巧，都已是很普遍的现象。

21世纪是信息经济和知识经济的世纪，社会的重大特征是学科交叉，知识融合，技术集成，比如IT技术逐渐融入银行、保险、证券业之中，基因技术融入农业、医学之中。这一特征决定社会需要的是高素质的综合型人才。**所谓高素质的综合型人才，是指有高学历、高技能、高能力，不仅在某一个方面出类拔萃，还要对相关领域都有所了解，具有多种能力和发展潜能的人。**

社会在发展，技术在进步，知识在更新，这是不以人的意志为转移的客观规律。随着我国的日益开放，国际交往日益频繁，各行业都面临着国际范围内的竞争，竞争的程度异常激烈。随着历史的演变、时代的更新、科学技术的不断发达，社会对人才的要求越来越高。每个人都要提高自身的综合素质，拓宽知识面。如果我们的知识水平和能力跟不上形势发展的需要，不掌握多方面的知识技能，就很难适应瞬息万变的市场经济的需要，终将被社会所淘汰。知识经济时代，经济结构不断调整，任何人都不能再像以前那样终生学一门技术、懂一门专业、固定在一个岗位上，而是要随着生产结构的变化调整自己，以适应岗位变动的需求。一门精，二门会，三门做准备，是对未来社会人才的基本要求。

高素质的综合型人才具有丰富的知识和经验，往往比只有一种知识和经验的人更容易产生新的联想和独到的见解，在各种机遇面前更能伸出双手；具有较强的吸收容纳能力，能够通过学习实践不断丰富自己的知识储备和优化自己的知识结构，从而在激烈的竞争中保持优势地位；具有广博的知识面，更容易与各种人群交流，从而拥有丰富的人脉资源；具有观察、思考的分析能力，能透过现象观察事物本质，并将自己的成果准确、清晰、有效地表现出来，在面临新的问题时，不仅能迅速发现问题，而且还能找出解决问题的办法。了解各领域的知识，具有较强的创造能力，不拘于现有模式的束缚，综合各领域的知识，通过科学分析，合理推测，更容易创造新的社会及自然科学成果。

放眼全球，世界各国都在爆发人才危机，因人才缺乏而引发的人才争夺战正愈演愈烈。而且，随着市场的进一步开放，更多的外国企业将携带更多的资本和技术涌入中国，人才争夺战已到了家门口。形势的紧迫对我国高素质的综合型人才培养提出挑战，同时对优秀人才来说也是难逢的机遇。

温馨提示

法国思想家卢梭在《忏悔录》中说：“虽然人的智力不能把所有的学问都掌握，而只能选择一门，但如果对其他学科一窍不通，那他对所研究的那门学问也就往往不会有透彻的了解。”

二、别让考分束缚了青少年成才的翅膀

说到成才，很多人认为：学习好，考上理想的大学，将来事业有成，出人头地，便是成才。这种观点尤其在中国家长之中存在得最为普遍。其实，这种观点是极端片面的。

社会是由多种职业构成的，走向成才的道路不止一条，况且，仁者见仁，智者见智，成才不应该是一个绝对的定义。据有关数据表明，在我国，20岁以下的青少年自杀率占自杀率总人数的8%左右，而因考试成绩不良而自杀的就占这8%的2/3。这个数字不能不令人震惊。考分真的那么重要吗？没有好的学习成绩就会与成才背道而驰吗？

我国的一些资深教育家认为，如果过分看重青少年的考分，品质、性格、生理、心理等综合素质就容易被忽视，结果塑造的便是高分低能的伪人才。素质教育理念已经引起了政府部门的高度重视，近年来教育系统自上而下大力提倡素质。虽然中国的广大家长依然把青少年的考分放在重要位置，但他们正逐步改变着这种观念，并潜移默化地接受着素质教育理念。总之，**在今天高分已很难和人生未来画等号，仅以考分作为衡量人才标准的时代已经一去不复返了。**

1. 高分未必就能造就人才

现在中国家庭对子女的教育大都仍属于分数教育。这是中国应试教育在家庭教育中的反映，家庭的分数教育是学校应试教育的折射。

青少年考试分数高，父母心里就非常高兴，当别人问起自己孩子考试的分数时，父母便眉飞色舞，合不拢嘴。自己的孩子考试分数低时，当别人问起自己孩子的考试成绩，家长往往羞羞答答，遮遮掩掩，情绪低落，感觉自尊心受到很大的挫伤。

有位年轻的妈妈谈了她自己的感受，这对于其他的妈妈或许会有一

点启发作用：

“我希望儿子将分数看淡些，他太在意别人对他的期望了，分数带给他的压力阻碍了他个人的成长。儿子的成绩不错，但成绩好坏并不能显示出他的创造力和想象力，而实际上，这后二者才弥足珍贵。”

“我试着和儿子讨论课外的游戏及活动，这些活动不具有任何分数竞争的色彩。如果我和儿子有更多相处的时间，我愿意带儿子多做一些户外的散步，收集一些花草，询问一些科学性的问题，并让他以不同于学校的创造性思考方式学习各种事物。”

“我是名职业妇女，能做的自然有限，但我将尽力拓展儿子对他自己的认识，他必须了解他不仅是名学生，更重要的是他还是个人。”

青少年渐渐长大后，成绩单的重要性有增无减。多数教师认为，表现愈优良的青少年，其心中的压力及忧虑也愈大。有位老师曾经要求学生自行评分，她说：“愈用功的学生给自己的评分愈低，他们表现得很卖力，且多半是完美主义者，对自身的期望也相当高。他们之所以给自己较低的分数，或许是因为如此才不至于在接到真的成绩时觉得失望。相反地，有待努力的学生却常给自己较高的评分，仿佛借此就能使心中的期望美梦成真。”

其实，成绩单只是一种功能有限的教育工具，它仅仅负责唤起父母的警觉，提醒父母寻求进一步了解有关青少年的详尽信息，鼓励父母们和老师保持联系并注意青少年的日常作息。成绩单绝非万能，它代表老师们的一些意见，这些意见仅仅反映青少年的部分学习情况，包括某些学业或在校的行为表现。**成绩单或许能反映青少年适应学校生活的能力，却无法预测青少年未来的成就**。有些青少年得天独厚，可以驾轻就熟地适应学校生活并获得优秀的成绩，有些青少年则需经过一番奋斗和努力，才能获得骄人的成绩。

温馨提示

高分未必能造就优秀的青少年。就长远来看，具有较高的情商和交际能力，有艺术或其他特异天分的青少年，往往可以取得更大的成功。

2. 考分不是评价学业水平的唯一标准

分数本是对青少年学习情况的一个检验，是青少年自己、老师和家长获取反馈信息的一个渠道、一种手段。但在考试竞争仍然激烈的今天，在分数高低仍然决定着青少年升级、升学、就业的现实状态下，分数由手段变成目的，变成了很多青少年、家长、老师追逐的唯一目标。家长把对青少年基本生活需要的满足，把对青少年的亲疏宠责都与考试分数挂钩，逼着青少年去为分数而学习，结果很不利于青少年的身心健康发展。

《人民日报》曾经报道：一位不满15周岁的初中女生，因为期终考试成绩不好，为了逃避爸爸的一顿可怕的毒打，离家出走整整一年。青少年离家出走以后，父母才醒悟、追悔莫及……

有一对夫妇是高级知识分子，他们认定青少年应该具有与他们一样的智力和能力，对于青少年学习成绩差，他们认为是青少年学习不努力所致，从而以购买青少年喜爱的运动鞋作为条件，激励青少年努力学习，考高分。殊不知青少年的智商达不到父母的要求，所以他要运动鞋的愿望总是可望而不可即。情急之下，他采用了违法的手段，在商场里偷了一双名牌运动鞋，被抓获后送到工读学校。

有一位年仅15岁的中学生，突然自杀了。此前她是连续三年的三好学生，死前正准备报考重点高中。导致青少年死亡的竟是83分的试卷！不，确切点儿说是父母的警告：“只要掉下90分，干脆别回来！”90分的魔影像紧箍咒一样，让活泼快乐的小姑娘一下子变得孤僻、抑郁、少言寡语，她只想着念书、考好，用好成绩换取父母的笑脸，可83分的成绩，怎么有脸回去向父母交代？她在遗书中写道：“女儿去了，到另一个世界去了。你们不用为我伤心。我辜负了你们的期望，是个不争气的孩子，再没脸见到你们……”

多么可悲呀!父母望女成凤，可女儿已经没有了，又哪里会有凤呢？多么悔恨呀!可悔恨又有什么用？悔恨也换不回女儿宝贵的生命了!是父母的严苛一手逼死了女儿，苦果最终也只能由父母自己来吞咽，而这果，本应该是甜的!

人所共知且感人肺腑的《世上只有妈妈好》这首歌，却被青少年改了歌词：“世上只有高分好，得高分的孩子像个宝，爸妈见了高分笑，幸福享不了；世上只有高分好，不及格的孩子像根草，爸妈看到不及格，打骂少不了。”

青少年自改歌词为哪般？因为这是他们真实生活的写照，改歌词反映出了青少年们的真实心声。

一个青少年说道：“考，考，考，老师的法宝；分，分，分，学生的命根；测，测，测，老师的对策；抄，抄，抄，我们的绝招。为了高分，为了向家长交代，我们已经不择手段。多少同学因为压力而焦虑、而烦躁、而脆弱，甚至自杀……我们现在最需要的是健康——身体健康、心理健康，而不是分，分，分！”

这简直就像是笼中困兽的最后呐喊！据调查，青少年在上小学三年级时对学习感到焦虑以及厌烦的有12.5%，而到初中二年级时竟达到60.97%。也有人做过一次问卷调查，有个题目是：“你最想向爸爸妈妈说的心里话是什么？”有的青少年说道：“爸爸、妈妈，请不要一看到我考试的分数不好就骂我、打我。我尽了努力还挨打受骂，太委屈了，有时我真想离家出走!”正是：古有苛政猛于虎，今有分数猛于虎。

其实，分数的高低不仅与青少年的学习态度和努力程度有关，而且还和试题难度、考场心理以及判卷标准等许多因素有关。而且，分数也不是判定青少年各方面发展情况的唯一标准，分数只是对青少年知识掌握中可以量化方面的一种描述或记录，而对于一些不能量化的方面，如个性特征、身心发展、意志品质等却无法描述，这些方面的健康发展对青少年的一生而言意义也非常重大。如果家长只关心青少年的分数而不关心青少年的非智力因素的培养，最后也只能造就出高分低能的青少年。另外，如果父母只关心青少年的分数，也会给青少年造成过分的压力以及不正确的学习动机。青少年会把学习当作一项沉重的负担，而不会把学习当成一件快乐的事情，当然也不会引发内在的学习动机。**心理学研究表明，青少年内在的学习动机在很大程度上决定着学习的进程和质量。**

温馨提示

家庭和学校不能仅以分数作为评价青少年学业水平的唯一标准，还要关注青少年的非智力因素，如意志品质、道德品质的发展情况，更重要的是要以一种平和的心态对待考试分数。

3. 换个角度看待学习成绩

在学校和家庭中，有些青少年因考试成绩差而被视为差生。其实，差生和优生只有一步之遥，全凭我们评价的标准来定夺。从这个角度来看，青少年是差生；可是换一个角度，我们就可能惊喜地发现，哪有什么差生啊？每个学生都是那么丰富的生命个体，他们个个都是那么的优秀！

曾经有个学生，被游泳教练认为是很有发展潜力的青少年，要求他每天下午五点到体育馆参加训练。可在班主任老师面前说起这件事，老师却没有正眼看他，从鼻子里“哼”一声算是回答。可想而知，这个青少年是在一种什么心态下离开老师去训练的。后来，青少年以优异的成绩进了市少年队，参加专门的游泳训练。离开小学老师的时候，青少年对老师说了这样一番话：“老师，我知道，我在您的眼里是一个差生，就因为我不愿意学习您所教的语文课，成绩不好。可是，我想说，如果比赛游泳，我肯定是个优秀的学生，而您，在游泳池里却肯定是个差生！”

哈佛大学教授霍华德·加德纳在《心理结构》一书中谈到，人类有7种彼此独立的智能，在某些方面比较弱的人，却可能在不为人注意的其他方面具有惊人的潜力。这七种智能是：

· 语言能力；

· 逻辑、数学能力；

· 音乐能力；

· 身体活动能力；

· 人际关系能力；

· 空间感知能力；

· 探索心灵的能力。

正因为人有着不同的类型，才使生命个体表现出不同的差异。既然每个人不可能成为7种智能的综合体，那就取长补短，让青少年的个性得到发展才好。

换一个角度看，每一个青少年都有聪明可爱之处，班级里充满了“小诗人”、“小作家”、“数学王子”、“小科学家”、“小演奏家”、“小画家”、“小编辑”、“小电脑迷”、“小收藏家”、“小歌唱家”、“小舞蹈家”、“小棋手”、“小相声演员”……这是多么丰富的一个大家庭啊！

特级教师段继培曾经说过：**“任何青少年都是人才，关键在于发现。”**每一个青少年都是一座亟待发掘的宝库。

温馨提示

通过教育，发掘广大青少年所蕴藏的巨大潜能，从而使每个青少年都变得更加聪明。这正是教育工作的重任。

4. 过分注重考分造成了青少年的心理不健康

青少年从踏入学校大门的第一天起，就已站在了人生竞争的起跑线上。而我们这种过分关注智育和分数的教育方式，实际上是剥夺了儿童和青少年健康成长的机会，摆在他们面前的是一个不正常的生长环境。

青少年回家，有些父母常这样问青少年：“最近考试了没有？得了多少分？”有的父母以为这样问，表示的是对青少年学习的关心。其实不然。张口问青少年考试，闭口问青少年分数，青少年会认为你关心的只是分数和考试，而对其他事情漠不关心。

一些教师反映，现在课时偏紧，课程教材偏难、偏深，加上考试太多，造成不少学生厌学，把读书当作苦差事，对各门学科缺乏兴趣和自觉性，容易发脾气，对教师、家长的话阳奉阴违，把测验卷子藏起来，不跟家长讲学校里的事情。有些学生则形成了内向、孤僻、封闭和逆反的心理，如考试时发抖、失常，最后产生厌学、逃学、出走。据调查，有这方面心理偏差的中小学生已占到7%～10%。

家长过高期望对青少年造成的“精神虐待”，极易造成他们心理扭曲和损伤。

据调查，几乎是百分之百的家长认为青少年学习成绩好是“最高兴的事情”，而“最恼火的事情”则是青少年学习成绩差。

不难想象，这种心态对青少年将意味着怎样的精神压力。从心理学角度分析，这种错误教育方法，是对青少年的“精神虐待”，其危害远大于娇宠溺爱，甚至于体罚。“精神虐待”有多种表现，当有些家长发现孩子的思想违背自己的意志时，就会以警告、恐吓、揭短等方式，对孩子实施精神压力，以制服孩子。还有像故意贬低孩子的能力，如用讽刺、挖苦等形式，拿别的孩子的优点，来比自己孩子的缺点，使孩子看不到自己的优点，从小就产生自卑意识。

温馨提示

心理学研究表明，一个自尊心从小就受到挫伤的青少年，长大后会出现很多心理和行为上的障碍，诸如自我否定、缺乏爱心、焦虑等心理疾病，长大难以适应社会。

此外，过分保护同样是对青少年自尊心的一种伤害，因为它会导致青少年某些生理、心理机能退化。一些家长一方面在学业上拼命给自己孩子“加压”，另一方面又为他们在生活上尽可能地创造很好的条件。这便导致现在的青少年大脑“发达”，四肢无力。在舒适、方便中，青少年身体中的某些机能正在逐步退化。因为他们生活的需要很容易得到满足，几乎不用克服什么困难。不用付出，也就没有发展。青少年成长过程中，用于发展自己能力的机会就这样被剥夺了。

成人出于良好的愿望，为下一代铺设了一条充满阳光和鲜花的大道，希望他们能从这里开始走向未来的锦绣前程。但往往事与愿违，因为这违背了青少年成长规律。

现代心理、教育、社会科学的研究以及大量的调查表明：如果忽视了健康人格培养，青少年就会表现出许多不适应症，就如人们常常会感觉到现在的独生子女身上有许多毛病，如缺乏独立生活能力，自立意识差，依赖性大，做事被动、消极、胆怯，显得十分幼稚，表现出某些不适应年龄特征的行为，出现心理倒退现象；适应新环境能力差，自私，只求别人照顾，不会关心他人，社会责任感不强，情绪波动大，易走极端；等等。

青少年受到的限制越多，在成长的过程中，就必然缺乏为长大成人所作的多种准备和考验。将来为人父母时，就会不合格，作为一个成年人，就会感到困难重重。

第一章

学习素质：摄取知识的能力

在人的大脑中，蕴藏着巨大的学习潜能，激活大脑的这种潜能便能使青少年获得强大的学习能力。而学习能力是人获取知识的利器，是人生迈向成功的基石。

学习是人类生存和发展的根本。在人类起源及发展的初期，仅凭动物的本能，人类的祖先就可以简单地生存下去。而在今天这样一个发达的科技化、信息化的时代，可以说，不学习就根本无法得以生存。今天，学习的内容也比以往任何一个时代更加丰富、更加复杂，然而只要青少年具有学习能力，学会学习、善于学习，一切问题就可以迎刃而解。只要学会学习、善于学习，就能对纷繁复杂的现代知识，学得快，掌握得牢，可以毫不夸张地说，学习能力是“元能力”，是一切能力之母；学习成功是“元成功”，是一切成功之母。

事业的成功，并不是战胜别人，而是战胜自己。一个人唯一能够改变的就是自己，而改变自己的唯一途径就是努力地学习，通过学习改造内在的品性与能力，从而改变外在的处境与地位。只有战胜自己的人，才是最伟大的胜利者、成功者。

一、学习，人生的第一选择

知识是一切美德之母，只有知识的江河才能承载起事业和理想之舟。**书籍是知识的载体，勤于和善于读书是获取知识的重要途径。**人类社会在不断发展，现代化的科技也日新月异地发生着变化。

每个人要适应瞬息万变的知识更新的社会环境，就要不断地学习，不断地用新的知识充实自己。

1. 学习能力助你迈向成功

什么是学习能力？简单地说，学习能力就是人们学习新知识的能力。**一个人的学习能力越强，就越能够尽快掌握全新的学习知识，学习能力在很大程度上也决定着一个人未来事业的命运。**

亨利·布莱顿是美国SERVO公司的总经理，是当今美国少数弹道导弹专家之一，因此，他的工作十分繁忙。虽然已身居要职，布莱顿依然勤学不辍，一天的工作完成后，晚上他还上夜校继续进修。他选择的科目是素描。为什么他要去学素描呢?针对这点，布莱顿的回答非常令人感动：“因为素描可有效地将我的创意说明给我底下的技术人员知道。”虽然他现在已功成名就，但他认为这并非人生努力的终点。地球一直在转，时代不断地进步，若想跟上时代，就应该不断努力学习。因此，布莱顿利用晚上的空闲时间学习打字、雷达技术、西班牙语、管理学、演讲术等，凡是对他的经营有帮助的他都学。他也真的能学以致用，并且都收到了很好的效果。

连布莱顿这样已进入事业巅峰的人都在努力学习，何况是我们青少年呢?

一个不注重学习、对学习新知识马马虎虎的青少年，失败是必然的。那么怎样才能更好、更快地学习新的知识，怎样才能战胜自我呢?答案很简单，那就是充分运用你的学习能力。**青少年只有不断运用学习能力，才能达到持续更新、持续发展、与时俱进的境界。**

有人推导出这样一条成功的结论：

成功，取决于人的学识与经验——大前提；

学识与经验，取决于人的学习能力——小前提；

归根到底，成功取决于学习能力——结论。

所以，好的学习能力是青少年真正的成功之母。

在知识经济时代，竞争日趋激烈，信息瞬息万变，事业成败可能只是一夜之间的事情。在如此激烈的竞争中，青少年只有提高自己的学习能力并不断学习、善于学习，才能提高自身素质，才能不断获得新信息、新机遇，才能够获得成功。

学习能力不仅决定着个人的成长、事业的成败，而且推动着社会的发展、国家的进步。一个国家要成为热爱学习、善于学习的学习型国家，使整个民族成为热爱学习、善于学习的学习型民族，只有如此，这样的国家、民族才能在激烈的国际竞争中立于不败之地。

青少年只有不断提升并充分运用学习能力，才能迅速地成长进步。

温馨提示

学习能力是青少年成长成才最根本、最通用的“成功大法”，青少年学习能力的提高是其成功之母。

2. 学校教育仅是一个开端

学校里学的知识是十分有限的，在以后的工作、生活中还需要学习掌握更多的知识和技能。这些知识和技能都是课本上所没有的，老师也没有教给我们，完全要靠自己在实践中边学习边摸索。每个青少年离开校门之后如果不继续学习，就无法取得将来生活和工作需要的知识，无法使自己适应飞速发展的时代，这样不仅不能搞好本职工作，反而有被时代淘汰的危险。

特别是在科学技术飞速发展的今天，只有以更大的热情，如饥似渴地学习、学习、再学习，才能使自己丰富和深刻起来，只有活到老学到老，坚持终身学习，才能不断地提高自己的整体素质，实现自身的价值。

据美国国家研究委员会调查，半数的劳工技能在一至五年内就会变得一无所用，而以前这段技能的淘汰期是七至十四年。特别是在工程界，大学的知识在毕业十年后还能派上用场的不足四分之一。因此，学习已变成随时随地的必要选择。

人类潜能的导师史蒂芬·柯维说：“每个人所受教育的精华部分，就是他自己教给自己的东西。”本杰明·布隆迪先生对这句名言钟爱有加。他常常庆幸自己曾经进行过系统的自学，而这一名言不仅只作用于杰明·布隆迪先生，其实它适用于每一个在文、理科或艺术领域内的成就卓著者。

学校里获取的教育仅仅是一个开端，其价值主要在于训练思维并使其适应以后的学习和应用。一般说来，**别人传授给我们的知识远不如通过自己的勤奋和坚韧所得的知识深刻久远。**靠劳动得来的知识将成为一笔完全属于自己的财富。它更为活泼生动、持久不衰，并能永驻心田，而这恰恰是仅靠被动接受别人的教诲所无法企及的。这种自学方式不仅需要才能，更能培养才能。一个问题的有效解决有助于探求其他问题的答案，由此知识也就转化成为才能。

温馨提示

无须过分依赖设备，无须过分倚重书本，更无须过分仰仗老师，自己积极努力的学习才是成功关键。

3. 保持勤奋好学的精神

我国元末明初时的大画家、大学问家王冕，出生于浙江诸暨的一个贫苦的农民家庭，从小就特别喜爱读书，但因为家里很穷，没钱供他进学堂上学。

穷人的孩子早当家，小王冕七八岁的时候，就已经能帮家里做事了。考虑到他的年龄还太小，不能干什么重活，父母就安排他每天牵着牛出门去放牧。

有一天，小王冕跟往日一样出门去放牛。可是一直等到太阳落山，妈妈做的饭菜都凉了，也没见王冕回家。又过了一会儿，牛独自从院门外回来了，自个儿在院子里转了一圈，然后慢悠悠地钻进了牛圈，但放牛的人却没有一起回来。

父母非常担心，想要出去寻找，就在这时，王冕气喘吁吁地从外面跑了回来，他先到牛圈一看，发现牛已经回来了，这才松了一口气。父亲把他叫到面前，询问他回来晚的原因，王冕低下头，内疚地解释说："是我听书忘记时间了。"

原来，王冕放牛路过村里的那个学堂时，听见从里面传出琅琅的读书声，一下子就给吸引住了，特别羡慕。他把牛拴在野地里让它吃草，自己则悄悄地溜进学堂，听学生们读书，听一句，记一句，非常入迷，不知不觉，太阳已经下山了。

当他跑到草地去找牛时，发现牛已挣断绳子，不知跑到什么地方去了。幸亏路走熟了，牛顺着回家的路，自己回到圈里了。虽然牛安全地回家了，可王冕挨一顿打是免不了的，因为对那时的农民来说，牛是非常珍贵的，那头牛可是全家人的命根子啊！

父亲把他狠打了一顿，教训他以后不许在放牛时去听书。然而这一顿棍子，并没有把他的求知欲打掉。两天之后，同样的事情再次发生了。当父亲又要拿棍子打他时，母亲便劝解道："孩子这样痴心，打也不会有什么用的，干脆这牛也别让他放了。”从那以后，父亲再不让他去放牛了。

当时，正好村旁山上的佛庙要雇人做些粗活，于是王冕便到庙里住了下来。白天做一些杂事，换两顿饭吃，到了晚上他就睡在佛殿内，借助桌案上摆放的长明灯的微弱光线，聚精会神地看书，每晚都看到大半夜才睡觉。时间长了，他勤奋好学的故事在当地传了出去。

有一个名叫韩性的学者听说了这件事之后，起初还很不相信，便在晚上一个人悄悄地来到庙里进行观察。果然，他看见有个眉清目秀的少年坐在大佛像的膝盖上，在长明灯的映照下读书，时而高声朗诵，时而低头默看，一副全神贯注的神情。庙堂内泥塑的佛像面目狰狞，就是成年人见了都觉得可怕，可是这个读书的少年却毫不在意，就仿佛没有看见一样。这一幕景象深深地感动了韩性，于是他就把王冕收作弟子，让他跟着自己学习。

有了这样好的条件，王冕倍加珍惜，每天都很努力地学习。为了让自己掌握更多的技能，他还在劳动、读书之余迷上了写诗作画，经过勤学苦练，他终于在诗画方面取得了突出成就。

王冕的生存环境是很恶劣的，连起码的读书条件都没有，可就是在这样艰苦的条件下，他却能成为元朝末期一位知名的大学者。他成功的捷径是什么?求知好学!勤奋刻苦！不论身处的环境多么恶劣，他都始终没有忘记读书，好学使他插上了理想的翅膀，能够克服诸多的不利条件，取得杰出的成就。

在竞争激烈的现代社会里，青少年要想取得成功，就应该保持勤奋好学的精神，不断汲取新的知识，使自己成为有用之才。

4. 学习，需要不惜时间投资

从古到今，凡是有大成就者都是那些不肯满足于现状，不断为更美好的明天做准备的人。其实，这么做并不困难，虽然辛苦，但是为了成功仍然值得。今日的努力是美好明天的基础，若有浪费，即使是片刻也可能替你带来终身遗憾。青少年不妨利用多余的时间去学一些对自身有益的知识。

有效地利用目前可供自己自由支配的时间，可保证你将来的成功。这是投资，也是保险。

现在，你有无展望未来?为获得明天的红利而将多余的时间投资在今天?

不论你学习多么刻苦，总会有空闲的时间，请问这些空闲时间你都在做些什么?你该如何有效利用这些时间?

你不妨扪心自问是否珍惜这宝贵的时间?譬如特地挪出一些享乐的时间或利用每天一放学坐车的时间阅读一些课外书籍。

这里并非在限制你该怎么想、怎么利用，最主要的是想让你了解不能将宝贵的时间浪费在玩乐上。

如果你想创造美好的明天，就应将自己能自由使用的时间投注在提高学习成绩上。你应该谨慎地去思考一些有意义的事，像如何利用时间创造将来等。

你可利用闲暇时间吸收一些新知识，然后用来引发深藏在心灵深处仅属于自己的原始创意。将来有机会的话，这些创意皆将成为有利的工具。

知识这种东西，无论你学了多少，它都将在你的脑中累积，成为你自己的东西，再不会消失，别人也偷不走。正所谓：“艺多不压身。”

温馨提示

亨利·布莱顿曾说：“人类拥有头脑，这如此神奇的东西，如果用来浪费在一些无聊事上，岂不太可惜了！”

5. 广泛地阅读各类图书

读书对于考试的意义可能有点急功近利，**但读书对于我们的生命而言却有着非常重要的价值与长远的意义**！

青少年总有一天会长大，总有一天会离开老师和家长的怀抱而去开辟属于自己的一片天地。现在我们有难题，老师和家长可以反反复复地告诉我们，直到烂熟于心、运用自如的程度，但我们永远不可能通过自己广泛的阅读来解决问题，自然这种解决问题的能力也就没有得到培养。如果在今后的工作岗位上遇到难题，善于向别人请教固然也可以，但当我们到达一定程度，别人已经不可以再当“老师”的时候，也许就是我们束手无策之时。而培养自感、自悟的最好途径就是阅读。

当学到《孔子游春》的时候，我们去读《论语》，就能够理解更多孔子的言论；当学到《早》时，我们去读鲁迅的《朝花夕拾》，就会具体感受到鲁迅学习的三味书屋到底是个什么样子，鲁迅当年又是如何在那里发愤学习的，为了治好父亲的病，年幼的鲁迅又是如何四处奔波的……只有通过这种实实在在的阅读才能培养我们对书的感情。我们不懂的问题书中都有答案，所以让书成为我们一生的朋友吧！

这样，将来无论碰到什么样的难题，我们都会从书籍中找到最好的答案。

对于考试而言，只要通过读书，就会有“**忽如一夜春风来，千树万树梨花开**”的感觉。**只要认真读书，就能读懂“有时爱也是一种伤害，并且致命”**的内涵。因为有种爱是以剥夺天鹅生存能力为代价的，天鹅也正是因为这种爱的给予而丧失了生活的能力，以至冻死在封冻的河面上。试想一下如果青少年现在也只是依赖父母而不培养自己自食其力的生存能力的话，将来青少年也会和天鹅一样会“饿死”！这种深刻的话语和思想，不经过长期的阅读青少年是不会有这种深刻的体验的。书读多了，在分析文章时，青少年自然能够把握住文章的重点，体会到文章的内涵、作者的用意，并联系自己的实际生活，有感而发，一吐为快；当青少年教科书的知识是建立在一个更为广泛的知识背景之下时，青少年对课本知识的驾驭能力就会更强，对课堂也会越来越感兴趣。

一个广泛地阅读的人，在日常生活、工作中遇到任何一个新概念、新现象、新问题时，就能很自然地把这些难题纳入到他从各种书籍里所汲取的知识体系里去，一切也会迎刃而解！

二、学习能力为青少年成才插上翅膀

出生时我们无知柔弱，正是通过学习，才使得我们掌握了越来越多的知识，具备了某些技能，并形成了一定的对于人生和世界的看法与态度。学习是青少年的主要任务，也是青少年自强自立于未来的重要手段和工具。

1. 不断地开发自己的学习潜能

人类生来就有挖掘不尽的学习潜能，任何正常的学习者都能积极主动地开发自己的潜能，自己教育自己，并最终达到“自我实现”的境界。

天下没有生而知之者，通过学习才能使我们掌握知识，获得技能，形成对社会、对自然、对宇宙的认识。**每一个立志成才的青少年都应积极地学习，只有学习，才能在未来的人生中取得成功。**可是你也许会发现，连同许多其他新问题一起涌现到你面前的，还有学习方面的困惑："学什么?"、"怎么学?"以前的某些经验似乎已经不足以帮助你从容应对眼前新的挑战了，我们似乎应该反观一下"学习"本身，探寻一下"什么是学习的科学规律"、"什么是学习的有效方法"？

美国人文主义心理学的代表人物罗杰斯曾经指出："静止地学习信息，在以往的年代也许是合适的，但如果我们要使当代文化得以生存下去，就必须使个体能够顺应变化，因为变化是我们当代生活中最重要的事实。也就是说，采用以往的学习方式，无法使我们适应当前的处境。对于不断变化的社会来说，采用新的、富有挑战性的学习始终是必需的。而在现代社会中最有用的学习是了解学习过程，对经验始终持开放态度，并把它们结合进自己的变化过程中去。"

学习的内容因学科各异而丰富多彩，各学科的学习也有其特殊的行之有效的具体方法，但任何学科都有着普遍相似的基本心理过程，这就使心理学家研究"学习"本身的性质、机制等成为可能。研究者们通过他们各具特色的实验设计、思考角度，对学习的某些种类、某些现象做出了不尽一致的解释，形成多种"学习理论"。

每种关于学习的理论虽都有其不足和不全面之处，但都有一定的意义和价值，它们都以不同的着重点从科学的角度，告诉青少年究竟什么是学习。

一只饿猫被关在笼子里，笼子外放着一盘食物，里面设有一种打开门闩的装置，比如，一根绳子一端拴着门闩，另一端安有一块踏板，猫只要踩下踏板，门就会开启。猫第一次被放入笼子时，乱冲乱撞，或咬或爬，试图逃出。终于，它无意中碰到踏板，门开了，猫逃到外面，吃到了食物。再把猫放回笼子，它仍会经过冲撞咬抓的过程，但所需时间可能少一些。经过如此多次连续尝试，猫出逃所用的时间越来越少，无效动作逐渐被排除。后来，猫一进笼子即踩动踏板逃出，获得食物。

这只猫经过“尝试—错误—再尝试”的过程，最终学会了“踏板—开门—吃食”的联结。

猩猩基加被关在一个大笼子里，它跳起来也摸不着笼顶上挂着的香蕉。笼子里还放着几只箱子。基加用自己熟悉的方式取不到香蕉，它蹲在那里，望着香蕉，若有所思的样子。突然，它意识到，箱子不是随便放在那里的，它觉察到了箱子和高处香蕉之间的关系，它跃起来，搬了一个箱子放在香蕉下面，自己站上去，可还是不够高。基加无奈，只得坐在箱子上休息。突然，基加跳起来，搬起一只箱子叠在另一只箱子上，迅速爬上去拿到了香蕉。三天后，实验者稍稍改变了实验情境，基加竟能用旧经验解决新问题。

基加的学习是一种对事物之间关系的突然领悟——即“顿悟”。

八九个月大的婴儿看见一只小木球，试着拿过来把它放在嘴里，因为在他有限的经验中，“吸吮”是他探索、解释外界事物的既有模式，他用它来理解新的事物。而一旦他认识到，小球是一个可以被抛起来的东西，他就会顺应这个新功能。下次碰到小球时，他就会试图扔它，而不是把它放进嘴里。

也就是当新材料不能为现有知识经验所同化时，旧的观念结构就会被改造和扩充，并形成新的观念结构以顺应环境，这时学习便发生了。

把儿童分成两组，让他们分别看一段录像片。甲组儿童看的片子是一个大孩子在打一个玩具娃娃，过一会儿来了一个成人，给大孩子一些糖果作奖励。乙组儿童看的片子开始也是一个大孩子在用力打一个玩具娃娃，过一会儿来了一个成人，为了惩罚这种不好的行为，打了那个大孩子一顿。看完录像片后，实验者把两组儿童一个个领进一间放着一些玩具娃娃的小屋里，结果发现，甲组儿童都会学着录像片里大孩子的样打玩具娃娃，而乙组儿童却很少有人敢去打一下玩具娃娃，即榜样的作用能使儿童很快学会攻击行为。接下来，实验者鼓励两组儿童学录像片里大孩子的样子打玩具娃娃，谁学得像就给谁糖吃，结果两组儿童都争先恐后地使劲儿打玩具娃娃。

通过看录像，两组儿童都已学会了攻击行为。第一阶段乙组儿童之所以没有人敢打玩具娃娃，是因为他们害怕打了以后会受到惩罚，一旦条件许可，他们也会像甲组儿童一样把学到的攻击行为表现出来。人类能通过观察模仿学习新的行为模式，学习者如果看到别人的行为受到奖励，就会增加产生这种行为的倾向；如果看到别人的行为受到惩罚，则会削弱或抑制发生这种行为的倾向。

学习心理学家指出：学习就是学习者在获得知识和技能、发展智力、探究自己的情感、学会与教师及班集体成员交往、阐明自己的价值观和态度、实现自己潜能的过程中，达到最佳的境界。当学习者觉察到学习内容与自己的目的有关，认识到这是自己的学习时，就能够积极地、负责任地参与学习的过程，以自我批判和自我评价为依据，而把他人评价放在次要地位；就能开始自己的有意义的学习，并能够全身心地投入，其独立性、创造性和自主性也能得到促进。

通过以上列举的具有代表性的学习理论的一些观点，我们应当明确：学习是学习者经过一定的训练以后出现的某种变化；而这种变化是复杂的，有认知的、情感的、运动的；导致这种变化的心理机制也是多样的，有渐进的“试悟”、突然的“顿悟”，有通过“同化”或“顺化”与环境保持的动态平衡等。引起这些变化的原因也是多种的，有学习情境的因素，有学习材料性质类型的因素，也有学习者自身的因素，等等。

在心理学上，尚无一种理论可以满意地解释复杂的人类学习，但青少年可以综合运用不同的理论来关注不同类型的学习，并从中得到一些科学的引导。

2. 学海无涯乐作舟

有一句名言叫作“学海无涯苦作舟”，这句话强调的是学习要吃苦，这无疑是对的。**而我们却主张将此名言改动一个字，叫“学海无涯乐作舟”，因为愉快学习，效率更好更高。**

21世纪是知识的世纪，是变革的世纪，是充满挑战和机会的世纪。就个体而言，知识的增长与个人发展已成为密不可分的两大主题。然而，“学习是一件苦差事”“学习是一件痛苦的事情”等观念严重地影响着青少年学习的积极性和主动性。

做一个愉快的学习者，下面的几点是你应该要做到的。

（1）转变固有观念

要改变学习是痛苦的观念。学习必然是一个苦苦追索、反复研究、不断经历失败的痛苦过程，但也仅仅是过程而已。试想，在经历了千辛万苦的探索和追求后达到了目标，喜悦之余我们也会品味那些路途中的辛酸。正如高考成功的喜悦将和曾经的失败和伤痛形成鲜明的对比，从而使我们认识到成功是风雨过后那道亮丽的彩虹，美丽而绽放异彩。更何况在今天看来，风雨对我们来说又是何其的珍贵。阳光灿烂的日子固然是我们所期待的，但风雨交加的情景又何尝不是我们所欣赏的呢？

（2）要树立终身学习的理念

据专家分析：农业经济时代，只要7~14岁接受教育，就足以应对往后40年工作生活之所需；工业经济时代，求学时间延伸为5~22岁；在信息技术高度发达的知识经济时代，每个人都应在一生的工作生活中，随时接受最新的教育，人人都必须持续不断地增强学习能力，方能获得成功。因此，作为知识经济时代中的一分子，学习已不仅仅是学生时代的事情，学习也不仅仅是为了胜任工作的事情，学习也不仅仅是学习书本知识的事情。学习是为了实现人生的价值、活出生命的意义，学习是自觉的、主动的。同时，学习应该是全方位的、随时的、终身的。因此，要想在竞争日趋激烈的社会立足，不被淘汰，终身学习已成为时髦的话题。

（3）要秉承学习就有收获的信念

永远抱着学习的态度，认真做好每件事情，善待身边的每个同学朋友，虚心向他们学习，你就一定会有收获。同样，向别人传授自己的知识、技艺、经验也是学习提高的过程。如果大家都能秉承这样一个信念，就会形成学习—消化—传授—再学习的良性循环。学习就有收获，传授也有收获，这样难道你还会不愉快吗?

温馨提示

提高学习的主动性、增强学习效果的最好方法，就是要做一个愉快的学习者。一边学习一边叫苦，怎么能够学得好?

3. 在合作学习中共同进步

青少年在一起合作学习能积极地相互依靠、相互支持，共同取得进步。没有相互依靠、相互支持，就不是合作学习。在合作学习的情境中，我们有两个责任：一是自己学会所布置的学习材料；二是确保所有的小组成员都学会所布置的学习材料。**这两项责任的技术术语就称为“积极的相互依靠、相互支持”，也就是“人人为我，我为人人”。**

怎样才能形成积极的相互依靠呢?简单地分组、一起活动不一定完全奏效。在一个小组中，以下的方式有助于积极的相互依靠、相互支持的构建：

（1）设定相互依靠的目标

为了使大家理解合作学习，小组成员之间应形成一种休戚与共的关系，并且关注彼此的学习状况，这就需要确立一个明确的小组目标，如："学会老师布置的材料并确保所有的小组成员也都学会这些材料。"小组目标其实就是一堂课的组成部分。

（2）给予相互依靠的奖励

当小组达到预定目标时，每个组员都可以得到相同奖励。每个人都可能希望增加共同的奖励来补充目标相互依靠。有时候，老师或者小组成员自己可以给整个组的成果论定一个小组分数，每个人的成绩则从测验中得出。假如全组成员的测验分数达到或高于某个标准，就可以再加分，或每个小组成员都可以获得额外的休息时间或一枚五角星等奖励。这样，就打破了由好同学包揽一切或小组成员各自为政的格局，可以推动小组成员互相帮助、共同进步。经常用这些方式庆祝小组的努力和成功，同时还可以提高合作的质量。

（3）互相分享资源

由于每个组员只能获取完成任务所需的部分资源，因此必须将各个成员的资源变成小组共同的任务。

（4）角色的相互依靠

为了完成共同的任务，每个成员都必须担当相互联系、相互补充的角色以履行各自的职责。角色可分为：朗读者、记录者、理解程度的检查者、参与的鼓励者、知识解释者等，这些角色对高质量的学习来说很重要。例如，检查者的作用就是周期性地检查每个组员学习的内容以及同学学习的水平、取得的成就之间的关联。尤其是当班组人数较多，老师不能持续地检查每个同学对知识的理解时，就可以在合作学习小组中安排一个成员担任检查者的角色。

积极的相互依靠能引发小组成员为达成小组目标而互相关心、互相鼓励、互相帮助，即成员之间更加有效地互相交换所需的资源和信息，并积极加以处理；能给其他成员提供反馈，以提高他们未来的学习绩效；对其他成员的结论和推理过程提出质疑，以提高对所考虑问题的决策质量和思考深度；在行动中表现出信任他人和值得他人信任的品质，会激励大家为共同利益而奋斗。

温馨提示

在合作学习过程中，每个人都要认识到自己不仅要为自身的学习负责，而且还要为自己所在小组的其他同伴的学习负责。因此，必须将自己的努力跟其他组员的努力协调起来以共同完成某个预定的学习任务。

在一个学习小组中，积极的相互依靠发挥的作用越大，成员对知识的看法不一致的可能性和冲突也会越大。一个合作性小组中的成员同学如果学习同一门课程，大家会有不同的信息、观点以及切入角度，不同的理解和推理过程，甚至得出不同的结论。建设性地解决分歧能促使小组成员学会更积极主动地查寻资料，更新知识和结论。大家对讨论过的资料也会掌握得更好、更牢固，因而也会更经常地使用高水平的策略。而对学生个体来说，在竞争学习和个人学习的条件下，就不大可能有对这些知识进行挑战的机会，其成功和推理的质量就会稍逊一筹。

4. 积极地竞争，促进学习

也许青少年朋友早就体验到了学习上的竞争之激烈。学业的竞争是不可避免的，既有积极竞争，又有消极竞争。所谓积极竞争，是相对于消极竞争而言，是指以同学之间的竞争心理和竞争行为为手段来使自己的学习得以提高的学习策略。会学习的青少年要学会积极竞争。

积极竞争对于学习有什么好的作用呢?

（1）可以激发学习动机，发挥学习者的潜能

王玉玲同学，2001年高考河北省保定市第二名，她认为，自己之所以能从一个小县城里脱颖而出，在很大程度上得益于自己的竞争对手。“是这些

竞争对手不时地鞭策我、激励我，使我在成绩面前不骄傲，在失败面前不沉沦。”

当你和某一个同学成为学习上的竞争对手时，你的学习目标就会非常明确了，课堂中的每一次提问，每一次作业的质量，每一次考试的成绩等等，你们都会比一比，从而使你每天的学习目标都很明确，不敢使自己有任何松懈，潜能也就得到了充分的发挥。

（2）同学之间可以相互交流、相互借鉴、相互帮助

积极的竞争是在一种友好的氛围中进行的，它是借助竞争来实现自己和同学成绩的共同提高，而不是自己上去了，却把同学踩下来，因此，**这种竞争实际上也是合作的另一个侧面，它不否定合作，在竞争中大家也会互帮互助。**

在积极的竞争中，人们的自尊需要和自我实现的需要更为强烈，克服困难的意志更加顽强，争取胜利的信念也更加坚定。

三、掌握高效能的学习方法

在学习过程中，讲究方法十分重要。科学的、高效能的学习方法，能够使学习事半功倍。因此，青少年朋友要在平时学习时，摸索出一套适合自己的高效能的学习方法，提高自己的学习效果。

1. 找到适合自己的学习方法

学习成绩的好坏，与能否掌握科学的学习方法密切相关。因此，青少年应该特别重视学习方法，并创造性地运用适合自己特点的学习方法。

在现代社会中，知识更新的速度与日俱增，时代对我们提出了越来越多样化的学习要求。单凭“铁杵磨成绣花针”、“功到自然成”的方式学习，是无法完全适应的。今日的学习成败，不仅取决于勤奋、刻苦、耐力与花费的时间和精力，还取决于每位学生的学习效率。

爱因斯坦曾经被人问起成功的秘诀，他说：“成功等于艰苦的劳动加上正确的方法，再加上少说空话。”并诙谐地写下公式：W=X+Y+Z。青少年也可以套用这条公式来解读学习成功的秘密，即将W视为成功，X视为勤奋，Z视为不浪费时间，Y视为方法，所以“学习成功=勤奋+不浪费时间+方法”。方法对勤奋和惜时的效果有增加或抵消的作用，只有采用科学的学习方法，才能保证学习的成功。

掌握科学的学习方法，也是塑造学习能力的重要环节。英国有位社会学家曾经调查几十位诺贝尔奖得主，发现他们大多认为学习时最重要的就是掌握恰当的方法。而法国著名生理学家贝尔纳也深有所感地说：“良好的方法能使我们发挥天赋与才能，而拙劣的方法则可能阻碍才能的发挥。”

1980年，美国哈佛大学物理系教授、诺贝尔奖得主史蒂文·温伯格曾对《科技导报》记者说：“学生最重要的特质是具有向知识.进攻.的本能，而非安于接受书本上给出的答案，我们应该随时去发现有什么东西与书本上介绍的内容不同。”

但是，什么是最好的学习方法?好的学习方法一定要适合学生的特质与学习环境。一般说来，好的学习方法应该符合以下三个条件：符合认识规律的科学方法；符合自己个性特点的方法；符合不同学习内容和不同教师授课特点的方法。青少年在选取适合自己的学习方法时，可以从下列几个方向来摸索：不同学科的学习方法、预习方法、听课方法、复习方法、做作业和自我测试方法、改错的方法和单元归纳的方法等。

温馨提示

良好的学习方法可以使学生在知识的密林中成为手持猎枪的猎人，能获得有效的进攻能力和选择猎物的机会。

2. 合理计划是高效学习的保证

中国古代伟大的教育家孔子说过：“凡事预则立，不预则废。”行之有效的学习计划是学习成功的第一步。

常常看到有些青少年在做完作业后，不是东走走，西转转，就是东看看，西翻翻，似乎作业完成了，就万事大吉，没事可干了。这实际上是一种“随遇而安”的学习态度。这样做的原因，除了学习态度不够端正以外，很大程度上是没有为自己订个“规划”，学习缺乏计划性。

科学、合理的学习计划对于我们来说，具有如下几个方面的作用：

（1）促进学习目标的实现

每一个青少年都有自己长远的学习目标，而要实现目标，就必须脚踏实地、有计划有步骤地去学习，要从实际出发，安排好学习时间和学习内容。学习计划可以使自己的学习行动和学习目标有机地结合起来，每一项近期任务的完成都会使自己受到鼓舞，从而对学习产生一种潜在的动力，增强实现下一个目标的信心。这些在执行计划中受到的鼓舞和鞭策比来自家长和教师的表扬更及时、更有效。所以制订一个切实可行的学习计划，可以促进学习目标的实现。

（2）可以磨炼意志

学习计划使我们的各项学习活动目标明确。在努力争取让自己的行动按计划进行时，由于学习生活的千变万化，常会出现一些意想不到的情况，影响着计划的执行，如临时性的集体活动、作业增多、考试临近等。这时不能急躁，不能呆板地照计划进行，而要及时调整自己的学习计划以适应变化了的情况。有时在计划实施的过程中会出现困难，这时就要通过意志力努力去克服困难，排除诱惑，不断调整自己的行动，不偏离计划中既定的学习目标和任务，直到目标达成为止。在实施计划中，每克服一个困难，完成一个任务，就会在享受胜利喜悦的同时增强克服困难的信心和勇气。若由于计划的不周而暂时没有完成，要及时总结经验教训，修改计划，争取新的胜利。在成功和失败的交替过程中，意志力会得到锻炼和提高。

（3）有助于养成良好的学习习惯

长期按学习计划办事，就会逐渐养成良好的学习习惯，使学习生活有规律。这种习惯平时表现在每天的时间安排和学习方法的运用上。

时间安排上一旦形成习惯，到时间就起床，到时间就睡觉，该学习时就安心学习，到了锻炼时间就自觉地去锻炼，学习生活就会达到“自动”进行的境界。到了时间不去休息或锻炼，身体就不好受；到了时间不学习，心中就感到缺了点什么。

学习方法上一旦养成习惯，就会感到不预习就无法听好课，不复习就不能做好作业。这种良好的学习习惯会大大提高学习效率，提高学习质量。而这种良好的学习习惯是长期按照学习计划进行学习的结果。所以说，良好的学习习惯是学习计划和顽强意志的产物。

（4）可以提高效率，减少时间浪费

好的学习计划把学习、休息和活动的时间进行了科学的具体安排。如果自己在学习的时间多玩了一会儿，就会使计划中的任务完不成，而且由于学习顺序的渐进性，从而使计划中后面的多项任务受到影响。为了完成学习计划，一个用功的青少年，不但不轻易浪费时间，而且在学习中十分注意效率。

温馨提示

计划性强的人，什么时间做什么事都是一定的，所以他们干完一件事，马上就去干第二件事。这样就不会浪费时间。

3. 掌握高效学习的技巧

许多青少年在日常的读书学习中，也许并不缺少恒心和毅力，甚至常常学而忘食。但是却依然没有太大进步，认识上却更加混沌了。这时，就要注意了，这也许就是学习方法不科学、不合理造成的。青少年朋友，运用科学方法读书学习，方能立竿见影，事半功倍。下面就介绍几种常用的方法以供你们参考：

（1）循序渐进

宋朝大学者朱熹介绍他的学习经验时说：**“读书之法，在循序而渐进。”**在他看来，读书有一定的计划，从基本的书读起，由浅入深，读懂一本再读一本，切不可杂乱无章地乱读一气。许多青少年往往有一种急于求成的心理，使自己不能扎扎实实地学进去。前苏联著名科学家巴甫洛夫告诫青少年朋友们说：“要循序渐进，循序渐进，循序渐进。你们从一开始工作起，就得在积聚知识方面，养成严格循序渐进的习惯。”

那么，怎样才能打好基础循序渐进呢？

首先，要订一个合理的学习计划。没有计划地乱读，会打乱知识的程序，东一榔头西一棒子，一会儿深，一会儿浅，会影响学习的效果。要把学习计划订好，读书前要选定学习的方向，看自己学哪门。如果青少年确定学习语文，那么，最好请有经验的老师指导一下，按语文学习内容的内在逻辑订计划，明确哪些是基础课程，哪些是必读书籍，哪些是参考资料，应该先读什么、后读什么。学习计划要做到长远打算和短期安排相结合，订出每天、每月、每年的学习内容和措施，一边实施，一边检查，一边调整，促使自己一步一步地向知识高峰迈进。

其次，要培养循序渐进的习惯。读书时，要防止和克服急躁情绪，要静下心来。一本书读完后，想一想是不是读懂了，如果没懂，就不要放下。刚开始这样做时，可能有点不习惯。因为人们读过一遍的东西，再读第二遍时兴趣就会减弱，注意力就会下降。这时，要用意志来强制自己耐心地再三再四地坚持读下去。积以时日，终成习惯，将受益匪浅。

最后，还要及时填补基础知识的漏洞。**由于贪多求快是人们常犯的毛病，所以在青少年学习知识的基础上，常常会留下这样或那样的漏洞。**这些漏洞不填补起来，会使整个知识基础不牢固，影响将来知识结构的形成。

（2）习惯用笔

人的记忆是靠不住的，俗话说：“好记性不如烂笔头。”只有用笔记下来，才能永远不忘。勤用笔，是自学成功的重要因素之一。这是古今中外，学者总结出来的，并行之有效的经验。**用笔，有多种多样的方式。画重点、加注释、写摘要、列提纲、做札记（包括心得、体会、感想、意见、疑问等）等都可以，没有固定的格式。**

以自学数学为例。一般说，可采用一种书为主要读书，三两种同类书作参考。知识深浅要适当。太浅，则获益不多；太深，啃不动，会事倍功半。重要的定义、定理都要写下来，特别是推导和论证过程必须要详细写出来。一般来说，书通常写得很精练，有的过程有时省略掉了。但学的时候却要一步一步仔细推演，特别是遇到“显而易见”、“读者自证”的地方，千万不要轻易略过。

记笔记不能机械照抄，要完全理解之后用自己的语言写出来，这本身就是一个消化过程。遇到不懂的地方可以几本书参照着看，互相比较推敲，难题有时会迎刃而解。实在理解不了的地方，可以放一放，把疑点记下来，暂时跳过去，往下进行，以后再回过来研究。这个办法古人叫作“阙疑”，这是不得已才使用的办法。

记笔记是要花很多时间和精力的，但这是把力量用在刀刃上。有了笔记，即使学习中断了很多年，一看到自己写的笔记，有关的记忆也会很快重现出来，借助笔记的帮助，可以尽快地从中断的地方接着往下学，无须再走回头路了。

如果不记笔记，即使当时学得很好，随着时间的消逝，记忆逐渐淡薄，最后几乎是忘得一干二净。用到这些知识时，除了重新翻书而外，别无他法。而书中所载，这时候看起来也多半是似曾相识，难以一下子理解，要想弄明白，还得从头开始。

（3）多问为什么

自然界和人类社会的一切事物、现象都是互相联系、互相制约的，事物间的因果联系是普遍存在的。又由于因果关系的多样性、可重复性，我们就必须寻找有效的、可靠的探求因果联系的方法，揭示自然界和人类社会的奥秘。

把握事物因果联系的方法有助于我们学好各门科学知识，也有助于我们提高思维能力。

把探求因果联系的方法运用于学习，可帮助青少年建立知识网络，加深对知识的理解，进一步举一反三。

古人云：“为学患无疑，疑则有进。”现在，有不少青少年的学习，只是装进现成的知识和结论，既无疑，又不问，学习如一潭死水。这样只能扼杀自己的智慧和才能。

温馨提示

法国作家巴尔扎克说过：“打开一切科学的钥匙都毫无疑义的是问号。”俗话也说：“学起于思，思源于疑。”从科学发展的历史看，一些科学领域重大的发明和突破，往往是从“疑”开始的。

青少年还需要培养独立思考的能力，无论碰到什么问题都要想一想，这样有助于青少年养成思考问题的良好习惯。科学上的发现，都是日积月累的结果。对一个平常注意思考问题的人来说，由于有些问题早已想过，这样，他学习起来，搞起研究来，就可以比别人少用时间，而且也有可能比别人看得更远，想得更深更透，更容易出成果。

读书学习是一个苦差使。但如果你应用了科学的方法来学习，便像是划着轻舟在知识的海洋中遨游一般驾轻就熟了。到那时，你也可以在知识的世界中走出一段路，给人类留下一些或深或浅的脚印。

4. 善于抓住最高效的学习时间

我们说利用时间，**并非是学习的时间越长，学习到的东西越多，学习的效果就越好**。有人统计，连续工作36小时，只睡3小时，工作效率反而为原先的55%；连续工作44小时，只睡4小时，工作效率更是下降为充足睡眠的36%；如果连续工作60小时，那简直无法进行正常工作。古人苏秦悬梁刺股，虽说可歌可泣，然而细细想来却是愚蠢的，因为这样做违背了人的生理规律，长此下去是非常有害的。

人脑活动的效率在一天内是有规律的，不同的时间具有不同的效能，要善于抓住高效时间。所谓高效时间，就是一天中思维能力、活动能力最旺盛的时间。前苏联滨海边疆区心脏病咨询中心主任格雷宾指出：人体的生理功能在一昼夜内有五个增长时间和五个下降时间，按海参崴时间，增长时间是5、11、16、20、24点，下降时间是2、9、14、18、22点。

在生理功能增长时间内，工作效率最高，生病可能性减少。在生理功能下降时间内，人一般想休息，此时容易发生事故，心肌梗塞和血压增高的发病机会增加。根据这个实验，人们应当在生理功能增长时间内从事最重要、最紧张的工作，这样工作的效率就会有所提高。英国伦敦大教授麦勃逊在《怎样学习》一文中，用曲线图表示一个人一天中学习效果与学习时间的关系。在前面5个小时里，随着时间的延长，学到的东西就越多，第5小时是学习效果最佳时间；5小时以后，随着时间的延续，学习效果越来越差，最后几乎等于零。

据科学家多年研究，证明人在一天24小时内工作，有高潮和低潮，发现大多数人在上午8~10点，下午3 ~ 6点是工作效率最高的时间，晚上读书的人在8～10时是高效时间，上午8点大脑具有严谨、周密的思考力，下午2点思考能力最敏捷，晚上8点记忆力最强。而中午1点左右是脑力和体力低潮的时间，也是效率最低的时刻。一般来说，早晨是学习的最好时光，中国有句谚语“一年之计在于春，一日之计在于晨”。例如有人就属于“百灵鸟型”的人，早晨头脑清醒，学习最好。当然各人因情况不同，具体的最佳学习效果时间会有所不同。司各特认为他睡醒后起床之前的半小时非常有助于发挥任何创造性的工作；法国作家巴尔扎克从半夜到中午工作，灵感奔涌最旺；法国生物学家巴斯德从早晨5点到晚上11点，最易作出重要发现；俄国教育家苏霍姆林斯基从早晨5点到8点养成了脑力劳动的节奏，写了30本教育学方面的书和300多篇学术著作；英国剑桥大学三位教授测验医学院研究会的女会员，发现她们在一天内傍晚时刻记忆效果最佳。

有的“夜猫子”型的劳动者，高效时间可延续到午夜。

每个学生要摸索自己的生理规律，只有了解了日、月、季、年的人体规律，才能正确地运用规律，作出科学的、适合自己的时间利用最佳方案。

5. 使用现代工具，提高学习效率

几千年的传统思想，决定了我们在学习过程中不喜欢使用现代化工具的习惯。有很多人认为，学习本来就需要我们动用大脑，如果借助于现代化工具，就显得格格不入。其实，借助于现代化工具不仅不会扰乱我们的学习，而且还能帮助我们更好地学习。甚至很多学习内容如果不借助于现代化学习工具，几乎是达不到目的的。所以，青少年应该突破传统的学习方法，勇敢地接受现代化学习工具，更轻松、更快速地进行学习，这样才能更好地提高学习效率。

回顾人类历史，我们应该明白，现代人并非就比古人的智商高，甚至我们还不如很多古代的人优秀呢。但是，古代人与现代人对社会的认识，对人类的贡献，两者之间的差距大得惊人。最关键的一点在于现代人学会了使用机器和工具，更加讲究学习和工作的效率。

比如，古代没有机器，所有的事情都必须依靠手工来完成，现在有了机器，一台机器、一种工具在一分钟里完成的工作量可说一个人用手工劳动一生都不能完成的。学习同样如此，如果借助于现代化学习工具，学习的效果是不用现代化学习工具的好多倍。更有甚者，很多学习内容如果不借助于学习工具，是不能完成的。比如，计算一个非常大的天文数字，如果不借助于现代计算器或者电脑，你根本无法完成计算。

虽然现代化学习工具有这么多的优点，但是，能够利用现代化学习工具学习的人依然不多。不过，随着社会的进步，已经有越来越多的青少年开始使用现代化学习工具了。其实，如果能够合理地运用现代化学习工具，学习效果会更加良好。比如，当我们使用了录音笔以后，即使没有快速记录的水平也无所谓，因为录音笔可以帮我们完成这个工作。

现代化学习工具不但给我们提供了方便，还帮助我们节约了大量的时间。我们可以利用节约下来的时间去学习别的东西，这样就提高了学习速度。又比如，当你学会使用电脑上网以后，就不必再到浩如烟海的资料里漫无目标地查询了，只需要直接在网络的搜索引擎里输入关键字，然后搜索就可以了，查询的速度非常快。而且电脑储存的资料非常丰富，几乎把人类所有的资料都囊括了。

温馨提示

每一个想要快速学习的人，都应大胆地突破传统的学习方法，充分地享受现代化学习工具的魅力，它们将最大限度地提高你的学习速度，最大限度地提高你的学习效率。

第二章

智力素质：人生最宝贵的资源

一个人有了智力才能成为一个有智慧的人。也只有当一个人拥有智慧，他才能获得幸福的人生，古希腊大智者在两千多年前就断言：“智慧就是幸福，人生之路就是追求智慧之路。”因此，智力或智慧犹如人的灵魂，于人生意义重大。

智力是决定着人的事业成败的关键因素之一。一个想象力丰富的人就能充分展开事业梦想之羽翼；敏锐的判断力与洞察力，可以让人对人生做出正确的选择、准确地把握自己的未来；一个智力高超的人在事业中能够多谋善断、统揽全局，并及时抓住事业发展的机遇。而智力低、智慧不足的人，则会在人生事业的征途中步履艰难。

智力还往往决定着人的财富的多寡。当今时代，人的智力成为最具有竞争力、最具有价值的资本，可以说智力就是财富，你拥有很高的智力就如同拥有巨大的财富。中外很多亿万富翁发财的历程，都充分证明了“财富源于聪明的大脑”这个铁律。

既然智力于人的一生有如此重大的影响，那么青少年朋友就应该积极地开发自己的智力。智力不是天生的，它需要人们去开发、挖掘和提高。也只有不断地去提高智力，人生才会圆满幸福。

一、智力之光的魅力

智力是指通过改变自身、改变环境或找到一个新的环境去有效地适应环境的能力。说到一个人的智力水平如何，许多人可能认为智力就是聪明的程度，或者说是记忆力、理解力以及解决问题的能力等一些方面。其实，智力是人类对客观事物的认识能力，是各种认识能力的总和，是获得知识的能力，是认识、理解事物和运用知识与经验解决问题的能力。

1. 智力是人脑功能的表现

所谓智力，就是我们平时所说的聪明、智慧，心理学上又称之为智能。它是指人们在获得知识和运用知识解决问题时所具有的反应能力、理解能力和逻辑分析能力。

关于智力的含义，众说纷纭，目前尚在探索研究中，但总的来说可以这样理解：智力是人们在认识过程中所形成的比较稳定的、能确保认识活动有效进行和发展人脑聪明智慧功能的心理特征的综合。**智力具体表现在注意力、记忆力、思维力、想象力、创造力等基本方面，是它们有机结合而成的。**

智力是人脑功能的表现。生理学研究表明，人脑有四个功能区域：一是从客观外界现实接受感觉的感受区；二是将这些感觉进行收集整理的贮存区；三是对收进的信息进行评价的思维判断区；四是按新方式组合各种信息的想象区。人脑的这些功能表现在各种认识活动之中。正常的人不仅具备智力活动的条件，而且人的智力还有很大的发展潜力。

人的智力水平的高低受多种因素的影响，一般说来主要有三方面的因素，即遗传素质因素、社会环境因素和教育因素，**这三个因素在人的智力发展过程中，发挥着不同的作用。它们互相联系，相互制约，综合地影响着人的智力发展。**

遗传是一种生物现象，它传递着祖先的许多解剖生理特征，如机体的构造、形态、感觉器官、神经系统，尤其是神经系统的高级部位——大脑的特征。这些通过遗传而传递给下一代的解剖生理特征就称为遗传素质。

遗传素质为人的智力发展提供了潜在的可能性，却不能预示人的身心发展的方向和成就。后天的社会环境，特别是社会生活条件，提供了人的智力发展的现实土壤，极大地影响人的智力发展的方向、速度和水平。

温馨提示

心理学研究表明，双生子的遗传因素有很大的相似性。但是调查表明，如果双生子生活在差别很大的环境中，他们的智力发展的差异会大得让人惊奇，难以置信。

一般说来，具有正常遗传素质的人，其智力是随着大脑的活动而发展起来的。大脑的感知模式能说明一个人大脑的发展状况，如果感知的内容丰富且精彩，对人的大脑不断形成新的刺激，激活人的大脑的机能，使大脑处于积极活跃的反应状态中，智力的发展会很快；而如果处在一个单调刻板的社会环境中，其智力发展明显因刺激的减少而受到压抑。

教育因素是影响人的智力发展因素的重中之重。俗话说“养不教，父之过”，家庭的启蒙教育，对人的智力发展起着关键性的作用。儿童在5岁以前是智力发展最快的时期。人的智力发展的一般方式是，5岁以前约有50%的能力，5岁到8岁能发展30%，余下的20%在8岁到17岁时获得。现代孩子教育理论提醒每一位初为人父人母者抓住孩子智力发展的关键期0～5岁。

家庭是孩子早期教育的关键场所，父母是教育的关键角色。一个孩子，当他诞生到世界上来的时候，额头上并没有标着“天才”的胎记，但是，只要他们不是白痴，只要享受着良好的教育条件，他们可以变得聪明可爱，可以成才。**鲁迅说得好：“即使是天才，生下来时的第一声啼哭也决不会就是‘一首好诗’”。教育对儿童智力发展起着主导作用，每一位父母都应坚信这一点。**

2. 智力的独有特性

人的智力具有以下一些特性，我们分别介绍如下。

（1）针对性

针对性是指智力能够针对既定目的而开展活动。智力活动必须围绕着一定的目的展开，以免“差之毫厘，谬之千里”。如在物理、数学中，通过定性分析、阐述性质概念和具体计算，就可以增强智力活动的针对性。**智力活动的针对性，存在个别差异。有的人针对性强，善于抓住关键，目的明确；有的人缺乏针对性，抓不住关键，目的不明确。**

（2）统一性

统一性是指智力的各种因素达到相辅相成，协调一致。智力是由注意力、观察力、记忆力、想象力和思维力等五个基本因素构成的完整结构，因此，各因素之间的相互联系、协调活动是智力活动有效性的基本条件。在智力活动的统一性方面，也存在着个别差异。有的人的智力具有高度的统一性，智力的各种因素都处于相当高的水平；有的人智力具有较高的统一性，智力的各种因素都处于极低的水平；有的人的智力缺乏统一性，智力的各种因素不是处在同一的水平，而是有的高，有的低。

（3）顺序性

顺序性是指智力活动必须善于遵守一定的逻辑次序，有系统、有步骤地进行。斯大林特别推崇列宁说话的逻辑力量，逻辑力量就是指智力的顺序性。智力顺序性强的人，说话有内在的逻辑性，思维连贯，不会发生偏差、任意跳跃或自相矛盾。

（4）严密性

严密性是指智力活动能够严格、缜密地按照客观事实进行，从而得出合乎规律的科学理论。就如一千多年被奉为金科玉律的古希腊哲学家亚里士多德的物理定律——“自由落体的速度同它的重力成正比”，被17世纪意大利物理学家伽利略比萨斜塔上的实验否定了。大小不同的两个铁球从斜塔上同时坠落，同时着地，证明了“自由落体的速度同它的重力无关”。从而推翻了亚里士多德的定律。这表明，在这一点上，亚里士多德除当时条件的局限外，智力活动的严密性也不够。马克思、恩格斯关于哲学、政治经济学和社会主义方面的科学论断，体现了他们智力活动的高度严密性，他们智力活动的每一步骤都经得起检验，都是无可辩驳的科学结论。

温馨提示

如果一个人的智力活动缺乏严密性，这就表现出他智力活动的步骤经不起推敲和检验，将重复出现不正确的结果。

（5）创造性

创造性是指在智力活动中善于发现和创新。创造性是智力特性的集中表现，**富有创造性的人，善于发现问题，深入地思考问题，独立地解决问题，能打破传统的束缚，有批判地对待一切，反对人云亦云，能大胆创新，有独到的见解**。智力活动的创造性方面也存在着个别差异，有的人善于别出心裁，革新独创；有的人往往墨守成规，照例行事。例如，在学生的学习中，具有智力活动创造性的学习是积极主动的学习，是接受和发现相结合的创造性学习；没有创造性的学习就是消极被动的学习，是因袭的承受的学习。

3. 智力的个别差异性

每个人智力的发展都不同，从智力测验来看，智力是一种变量，在个别人身上的分配量是随机的或偶然的，但在一定数量人口中的分布是有规律的，符合概率论所说的“常态分配”即两头小，中间大的现象。按照这个规则可以从两个角度对智力进行分类，一是超常、正常和低常；一种是智力早熟、一般发展和智力晚熟。

（1）智力超常、正常和低常

智力超常，是指一个人的智力水平显著地超过同龄人。我国古代的所谓“神童”，国外的所谓“天才儿童”，都是指智力水平较高的超常儿童。

低常，是指一个人的智力水平显著地低于同龄人，或指智能发展上有严重障碍的人。这种人俗称“憨大”、“傻瓜”、“痴呆”、“低能”等，都是指智力水平相当低的人。

据测定，智力超常者约占普通人的1%左右。判断一个人智力超常的具体标准是什么?对于这个问题，国外通常是用智商的高低来表示的。智商在100左右者为正常，或称中等；智商在130以上者为超常；智商在70以下者为低常或称“低能”。我国现在还没有确定智力水平高低的统一标准。

大多数人的智力属于正常水平，智力超常与低常的人都是很少的。所以说智力的发展是两头小，中间大。这种两头小，中间大的分布情况，可以列表如下：

智商等级	分布情况
70以下	1%（智力低常）
70~89	19%（智力偏低）
90~109	60%（智力正常）
110~129	19%（智力偏高）
130以上	1%（智力超常）

（2）智力早熟、智力晚熟和一般发展

人的智力出现的早晚，存在着差异。智力早熟是指有些人在童年时代就表现了超凡的智力水平。三国时魏国的刘劭指出：“夫人，材不同，成有早晚。有早智而速成者，有晚智而晚成者。”“早智速成”，就是我们所说的智力早熟。古今中外确实存在着早慧的儿童，他们在幼年时就显露出非凡的智能，在心理学上就叫智力的早熟。

智力晚熟，就是智力发展得较迟。“晚智”，即我们所说的智力晚熟。古今中外智力晚熟的实例就更多了。智力晚熟的人，幼时的智力并不一定比别人差，他们的智力潜在可能性会很大，只是由于没有得到适当的机会来表露自己的才华，或是由于没有良好的教育条件来发展他们的智力。

智力晚熟与大器晚成是不能等同的。大器晚成的原因是错综复杂的，有的因为所专攻的学术领域具有某种长期性，不能一蹴而就，非经长期努力不可；也有的因为早期欠努力，后期才勤奋的结果；还有的是因为智能晚熟；更有的由于不合理的社会制度和阶级地位，得不到及早专攻的机会等。

大多数的智力属于一般发展，智力早熟与智力晚熟的人都是极少的。智力早熟、一般发展和智力晚熟这三种类型的分布，也合乎“两头小、中间大”的常态规律。

温馨提示

了解到了智力的个别差异性，青少年学生就可以确信自己的智力没有问题。学习成绩如果较差，一定是学习的其他环节存在问题。

4. 智力发展的基本规律

智力发展的基本规律主要体现为智力发展的社会制约性、大脑制约性和年龄制约性。

（1）智力发展的社会制约性

智力发展的社会制约性指的是智力发展受社会制度、社会需要、方针政策、智力投资、教育设施、社会科学文化水平等社会条件所制约。这种社会制约性属于外因的制约。如果社会制度优越，迫切需要各种人才，采取有利于智力开发的方针政策，对智力开发有较大的投资，教育发达、社会科学文化水平较高，那么就能大大地推动智力的开发和发展。新世纪以来，我们社会主义市场经济制度的优越，经济快速发展，加剧对人才的需求，党和政府采取了一系列促进智力开发的方针政策，发展教育，鼓励成才，并给以物质精神奖励，因而造就了大量卓著的中青年专家和学者，涌现出许多发明，从而加速了我国国民经济和科学技术的发展。

（2）智力发展的大脑制约性

智力发展的大脑制约性：这是指智力发展受大脑所制约，是属于内因的制约。在智力发展中任何外界影响——外因，都必须通过大脑这个内因而起作用。这种制约性体现在如下两个方面：

①受大脑生长发育的制约。原先大脑是在遗传基因的控制下合成的，这是先天的、不成熟的大脑；以后大脑在外界环境、主要是社会环境的影响下生长发育，成为成熟的大脑。

从脑重方面来看，新生儿的脑重平均为350～400克，近1岁已达到800～1000克；3岁增加到1200克，接近成人脑重水平；7岁为1280克，12岁为1400克，达到成人脑重水平。脑重的增长是大脑生长发育的一个重要指标。因此它表示脑细胞的内容及体积、神经纤维及其髓鞘、树突及树突棘等方面的增长。一般说来，从出生到三四岁，大脑的生长发育最快，以后较慢，一直持续到十一二岁或更长一些时间，大脑各部位才先后达到成人的成熟水平。由生理学证实，到十六七岁时，标志大脑生长发育水平的脑电图才达到成人的正常稳定状态。

总之，大脑以先快后慢的速度，逐步生长发育并达到成熟水平。大脑的这种生长发育规律，使智力活动遵循着“感知→表象→形象思维→抽象思维”的过程，制约着智力的开发和发展。

②受大脑的分析综合活动规律的制约。大脑的智力活动，不外是不断接受内外界信息，不断对信息进行不同程度的分析综合活动。在分析的基础上进行综合，在综合的基础上进行高一级分析，在高一级分析的基础上进行更高一级的综合。如此互为基础，不断结合，螺旋式上升，永无止境，逐步完善对事物的认识。这就是大脑的分析综合活动规律。从思维形式来看，这种活动规律体现为：在不同水平上不断地进行判断和推理，形成概念和结论，提出假设和论证问题。显然，这个规律制约着智力的开发和发展。

（3）智力发展的年龄制约性

智力发展的年龄制约性是指智力发展受年龄的制约。在人的一生中，随着年龄的增长，明显地表现出智力发展的阶段性，实际上是智力发展的年龄规律，其中包含着受社会和大脑制约的因素。综合众多科学家的研究结果，智力发展可划分为四个年龄阶段。

①基础阶段。0~17岁，智力发展迅速，以三四岁为智力发展的“关键时间”。这个阶段为一生的智力发展打下基础。

②高峰前阶段。17~30岁，智力以较慢的速度发展着，逐渐接近最高水平。

③高峰阶段。30~50岁，智力发展保持在最高水平上，其中以36岁左右为最佳年龄区，智力较容易物化为成果。

④衰退阶段。60岁以后智力开始衰退。

其中50~60岁，可能是交叉阶段，不是高峰阶段的延续，就是衰退阶段的提前。这主要受某些因素的制约。**如果大脑能够不断进行新的有趣活动，则可延续大脑的衰退，使交叉阶段成为高峰阶段的延续；反之，则成为衰退阶段的提前。**

智力发展的社会制约性和大脑制约性必然交织在一起，集中体现为年龄制约性，即智力发展的年龄规律。这就是智力发展的基本规律。

温馨提示

青少年现在正处于智力快速发展阶段，一定要珍惜这一宝贵阶段，开发智力，向最高水平冲刺，努力学习，向理想学校进军。

二、智力是助人成才的神臂

人类的智力结构极其复杂，各种智力活动因受形式和内容的影响而表现出不同的结果。无论哪种理论，都把观察力、注意力、记忆力、想象力、思维力作为智力的5种最基本因素，由这5种基本因素有机结合，形成完整而独特的心理特性。这5种因素，每一种因素都有各自独立的作用，同时，它们又互相影响，互相作用，显示了智力的迷人魅力。

1. 观察力：获得成功的基础

观察是大脑通过视神经获得外界事物的颜色、容度、形状等信息进行加工处理的一种心理过程。观察是一种有目的感知觉，是感知觉的高级形态。

感知觉是人们认识世界的根本途径。感知觉指的是人的感觉和知觉。

感觉：物体的个别属性通过感官作用于人脑引起的心理现象。感觉是人脑对眼、耳、鼻、舌、身各感觉器官收集到的人体内外环境信息进行加工的过程，是更进一步的心理活动，是知觉、记忆、思维、情绪等活动的基础。

知觉：是对感官所接受的信息进行综合与解释，从而反映事物整体的心理现象。

感知觉是大脑发育完善，进行高级神经活动的主要动力。

1949年，加拿大心理学家赫布进行了一项有趣的实验，名叫“感觉剥夺实验”。他将一个自愿接受实验的人置入一个使所有感觉器官完全隔离刺激，四壁装有隔音材料，室内所有物体都不能发出声音，绝对黑暗、绝对寂静的屋子里。受试者戴上软绵绵的手套，全身各部位都无法感觉刺激，并让他除吃饭和大小便以外所有时间都躺在床上。经过4天132小时的实验，受试者的智能出现了障碍，让他将一根小棍不碰到洞的边缘插进洞的动作，他已做不到。

在这个实验中，受试者的感知觉被从大脑正常频繁的活动中剥离出去，以至在可观察条件下，其动作也难协调。

俄国生理学家巴甫洛夫经过多年对大脑条件反射研究得出一条至理名言：“观察，观察，再观察!”观察是人获取信息的源泉。

现代科学研究表明：人脑获得信息的90%以上是从视听觉提取的。我国著名地质学家李四光指出：“观察是取得知识的重要步骤。”

温馨提示

英国著名的细菌学家弗莱明在谈到青霉素的发现过程时说：“这是从一个偶然的观察中产生的。我唯一的功劳是没有忽视观察。”

古今中外许多成就卓著的人，都以超人的观察力而闻名于世，并以其独特、精细的观察方法取得成功。

我国明代伟大的医学家、药物学家，造福于人类的瑰宝《本草纲目》的作者李时珍，在他行医治病的同时，通过对前人成果的研究，深入深山老林，不辞劳苦，在全面、细致观察的基础上完成了名垂青史的巨著。同样，进化论的创始人达尔文，更是在观察力的指引下进入了“生物王国”。有一次他发现许多昆虫聚集在一种特别的植物叶子里，植物受到刺激后分泌一种液体把昆虫消化掉。他经过16年对这一奇妙现象的细心观察研究，写出了《论食虫植物》这一惊世之作，在生物学领域里又做出了一项杰出贡献。他在总结自己的科研工作时指出：“我既没有突出的理解力，也没有过人的机智，只是在发现那些稍纵即逝的事物并对其进行精密观察的能力上，我可能在众人之上。”

19世纪中叶，美国南特斯克岛上，一个叫玛丽亚·米切尔的小姑娘，在父亲讲的那些迷人的航海、天文知识的影响下，用父亲给她买的一架望远镜每天对天象进行观察并做记录。在观察中，她记住了许多星星的位置，弄清了星星之间的位置变化。1847年10月1日，她用自己的天文望远镜观察到了一颗别人没发现的彗星，并向全世界宣布了这颗新发现的彗星。几天以后，英国的职业天文学家通过观察证实了玛丽亚的发现，从而引起全世界的瞩目。

在智力结构中，**观察力是打开知识宝库的“金钥匙”，大脑高级思维的启动，大部分来自观察**，提高智商要抓好观察力的训练。敏锐、精细的观察力是衡量一个人智商的重要标准。

2. 注意力：开启人的心灵之窗

注意力就是人们常说的“专心”，“全神贯注”，它是注意力集中的最高表现。

注意力是意识对一定对象的指向和集中。注意的对象，可以是外界的刺激，也可以是自己内部的心理活动。如专注于思考、体验、回忆等。

注意力的特征首先是指向性，就是说，**意识总是选择某些对象，而背离另一些对象**。一个人在作画时，室内外的其他干扰都被排除，达到听而不闻，视而不见。

注意力在特定对象上集中时，就是意识在这一对象上高度紧张、清晰时。因此，人要消耗大量的精力、体力。注意力越是集中，注意指向的范围也就越窄。注意这一内部心理状态，伴随着一定的生理行为变化而变化。在注意状态下，感觉器官明显地朝向注意对象，如眼睛和耳朵随着头部转向注意对象，有时还伴随一些无意识动作。如常见的儿童咬手指，抓耳挠腮等。

在生理系统方面，注意时四肢血管收缩，而头部血管舒张，心律变缓，呼吸更深，瞳孔扩散等等，这些都有助于提高感官的感受性，集中身心资源投入注意的当前对象。

注意可以依照有没有事先目的、是否经过意志努力而分为无意注意、有意注意、有意后注意。其中有意后注意是一种有自觉的目的，但不需要明显的意志努力的注意。它是在有意注意的基础上发展起来的。例如学习外语，在开始阶段需要运用有意注意才能维持，但经过一段时间学习，熟练程度提高并产生了直接兴趣以后，不需要有意注意的努力也可以学下去并完成课程。有意后注意对提高学习效率是十分重要的。

注意力的分配不但在工作和生活中随处可见，而且是非常重要的一种注意方式。

大学校园里随处可见头戴耳机，一边散步一边听音乐，或是一边听音乐一边聊天的现象。学生一边听老师讲课，一边做笔记；汽车驾驶员一边注意道路行人、标志，一边手握方向盘，脚踏离合器；高超的杂技演员头、身、双手、双脚可以一同动作，分别接抛外界的道具进行精彩表演的能力令人叹为观止。良好的注意分配能力，是完成一些高难动作、复杂任务的必要保证。

注意力分配在几种动作协调方面比较容易，在几种智力活动同时进行中分配则非常困难，要经过长期、刻苦的训练才能达到。例如一位交响乐团的指挥，他不仅要注意曲谱，还要耳听上百种乐器的演奏，分辨出不和谐音来自哪个声部、哪种乐器、哪个乐手。

温馨提示

分配注意力强调对所从事的活动首先要熟悉，其次要练习，达到一定的自动化程度才能使大脑完成注意分配。

3. 记忆力：成就“天下奇才”

记忆是人脑对已感知过的、思考过的、体验过的、行动过的事物在大脑皮层的反映，并使这些事物在以后的生活实践中回想起来，或者当它们再现时能认出来的心理过程。举例说：我们在观看了美国载人宇宙飞船“阿波罗”的宇航员登上月球的录像以后的很多天里，仍对月球车和人类遨翔太空的壮举激动不已，这就是大脑对感知过的事物的反映。一位考古工作者经过对“兵马俑”和秦始皇墓葬的多年考证研究，写出了一篇震惊中外的论文，几年过去，当他回忆时，那些挖掘、修复、考证、分析、综合的场景仍然历历在目，这就是大脑对思考过事物的反映。小时候玩火，手被烧的痛苦，长大以后记忆犹新，“一朝被蛇咬，十年怕井绳”就是大脑对体验过的事物的反映。会打篮球的人，即使十几年未摸过篮球，一上球场仍会打球，这就是人脑对行动过事物的反映。

从心理学角度看，记忆是人脑对外部信息进行编码、储存和提取的过程。对信息进行不同的加工、编码，使之转化为特定的心理形式，是信息得以储存一定时间的前提。在适当的条件下，所储存的信息能被激活，提取出来为当前活动服务，是记忆功能得以实现的保证。

记忆在人们的生活、学习、工作中有重大的意义。有了记忆，人才能保持过去的经验，使当前的反映在过去经验的基础上展开，使得反映更全面，更深入，更准确。记忆从心理活动上将过去与现在联系起来，并指出未来，使人的心理成为一个连续发展的整体。由于记忆，感知才能得以上升到抽象思维的高度，情感、意志才能有所发展，个性心理才逐渐形成。因此，可以说，记忆是“心理发展的奠基石”，是“智慧活动的基础”。俄国著名生理学家谢切诺夫说过：“任何一种思想没有不是登录在记忆中的要素造成的，甚至作为科学发现的基础。所谓新思想，也并不是这条规律的例外。”我国北宋著名思想家张载也讲过：“不记则思不起。”

人类研究记忆已有上千年的历史，随着现代科学技术的发展，记忆的奥秘正被揭开。古今中外所有成就显赫、贡献卓著的人无不有惊人的记忆力。《三国演义》里的张松，把曹操的《兵书十三篇》只看了一遍，便能从头至尾一字不差地背出来，使自视聪明过人的杨修惊叹不如，称他为“天下奇才”。

记忆力的好坏直接制约着观察力、注意力、思维力和想象力这些决定人的智商高低的关键因素，只有了解记忆的有关大脑神经活动的知识，掌握科学的记忆方法才能提高智商。

东汉著名的大学者蔡邕，著作名扬四海，可惜在连年的战乱中散失殆尽，蔡邕去世以后，他的女儿，女诗人蔡文姬，凭着小时候对父亲著作的记忆，竟把蔡邕的400多篇文章全部回忆出来整理成册。美国植物学家亚沙葛雷能记住25000种植物名称；现代英国一名叫马尔斯·巴尔库斯坦尼斯的人记忆力惊人，他能背出23年来每年流行的20首歌曲，准确地记住1956年以来的十多年间他居住地区的每天天气气温、降雨量，以及城内所有公共汽车中每一辆车的牌号、运行时刻表。

4. 想象力：知识进化的源泉

想象是对头脑中已有表象进行加工、改造，创造出新形象的过程。

想象由无意想象、有意想象、再造想象、创造想象构成。想象在人类生活中起着极其重要的作用，离开了想象，人们不可能有任何发明创造。科学理论的假说，设计的蓝图，作家的人物塑造，工艺技术革新等，都需要极其丰富的想象力。**想象是创造的前导，想象力越丰富，创造力就越强。想象是最有价值的创造因素。**

人的心理活动不管是简单的感知，还是抽象的思维，都离不开想象；人的行为，不论是简单的饮食还是发明创造，同样也离不开想象。首先，想象是促进人的心理活动丰富和深刻的重要一环，它不仅有助于人们更广阔地反映世界，而且还有助于人们更有效地改造世界。其次，想象是促进人们创造性地进行各种实践活动的必要条件，人们对未来的预见，一切科学上的新发现，新机器的发明，新的艺术作品的创作，工农业生产上的创造性劳动，各种科学知识的学习，都是和人的想象活动密切联系着的。

想象力是智能活动的重要组成部分，是获得知识和运用知识的重要条件。

“人类历史上智慧最为杰出的天才”爱因斯坦，他一生的精神产品数量之大、品位之高是无法计算的。1905年，年仅26岁的瑞士联邦专利局的小职员爱因斯坦利用业余时间，在物理学三个不同领域里同时获得惊天动地的突破：第一个突破，提出“光量子”概念，解释了争论了近百年的“光电效应”而获诺贝尔物理学奖。第二个突破，是用统计学与力学相结合的方法研究布朗运动，证明了分子的存在。第三个突破，是他的“狭义相对论”。这是爱因斯坦对人类所做的最伟大的贡献，他从本质上改变了牛顿力学的时空观，揭示了作为物质存在形式的空间和时间，可以统一成一个四维时空，揭示了力学运动和电磁运动在运动学上的统一性。

爱因斯坦在一年多的业余时间里同时在三个领域取得如此辉煌的成就，在世界科学史上是没有先例的。当时英国皇家学会会长汤姆逊盛赞爱因斯坦的理论是“人类思想史中最伟大的成就之一”。爱因斯坦从一个小罗盘的磁场得到启发，运用丰富的想象力，创造出引导人类前进的辉煌巨著。

温馨提示

爱因斯坦说：“想象比知识更重要，因为知识是有限的，而想象力概括着世界的一切，推动着社会进步，并且是知识进化的源泉。”

5. 思维力：影响智力活动的核心

在大脑所有活动中，思维处于最高级的核心地位。思维是借助言语、表象、动作等形式，形成对客观世界的概括和间接的认识，并在问题的解决中加以运用的过程。

思维所把握的，是客观事物的感知特征背后的一般属性，是经过抽象、概括达到的；思维不是信息的直接输入或恢复，而是在当前刺激和已有知识的基础之上，进行分析、判断、推论等复杂的认知活动而产生新的信息，这在各类问题解决的过程中有直接的表现。

长期以来，人们一直把思维当作一个不解之谜。在远古时代，由于当时生产力极为低下，科学知识极为贫乏，人们不知道大脑的构造和功能，因而把思维看成是“灵魂的化身”。随着科技文化的发展，到了我国的战国时代，人们把心脏视为思维的器官，说“心之官则思”。到了19世纪30年代，人们才开始认识到思维与人脑的关系。

德国的唯物主义哲学家费尔巴哈，承认意识是人脑的特殊属性。人脑是意识的器官。后来，法国外科医生布洛卡对一批生前丧失了说话功能的死者进行了遗体解剖，发现患有不能说或不能理解语言病症的人，通常是在左侧大脑皮层一个特定区域发生器质性损伤后造成的。由此揭示思维不过是大脑的一种高级功能，是人脑对客观事物间接的、概括的反映。

在人们的实践活动中，思维的作用大得无法估量。思维为人们提供了客观世界的本质和运动规律，人们运用这些规律推动了科学技术的发展；科学技术的进步，又向人类的思维提出更高的要求。这种周而复始的循环式的推进，使人类的思维经历了一个从低级到高级，从简单到复杂，从具体到概括的发展历程。

思维的概括反映，为人们抓住事物的本质提供了科学的方法。例如人们通过眼、手感觉到了各种钢笔、铅笔、毛笔、油笔的存在，感官所得到的是这些笔颜色、构造；而经过思维以后则可以舍弃笔的外形、颜色、制作材料这些特征，概括出“笔”是书写工具这一本质特征。

思维的间接反映，就是以其他事物为媒介，借助大脑已有的知识信息、经验来反映客观事物。例如：虽然没有看见狂风打坏门窗玻璃的实际场面，但刮大风时人们会立即关好门窗。

思维能力的高低，是智商高低的核心标准，所有大科学家、思想家、军事家、文学家，他们所做出的杰出贡献都是思维的产物。因此，培养思维力是提高智商过程中既复杂又重要的工作。

思维是人们一种看不见、摸不着的大脑高级神经活动，它不像其他事物那样可以明显地表露出来，思维有时借助动作（双手捧头）、视觉凝神等分式来表达，是清晰可见的，但大多数思维过程是外人所无法觉察的。

一个科学家在思考难题时，他可以出现在许多场合：与别人聊天、若无其事地抽烟、悠闲地散步、赏花、观看别人下棋等。有的大科学家甚至在读报、看戏、洗澡时，他们的思维也一刻未停。“阿基米德称皇冠”的故事千百年来令人称颂。

国王为了验证工匠们在打造皇冠时是否掺入其他金属来克扣黄金，令阿基米德想办法检验。阿基米德冥思苦想终于在浴盆里想出了办法，证明金匠们在打造时掺了其他金属。

阿基米德获得这一检验办法是在他赤身洗浴时，也就是说，尽管他在洗澡，但大脑思维却一刻未停，以至于他惊喜地发现解决办法时忘记了一切，赤身裸体跑到王宫，令大街上的行人惊讶不已。

温馨提示

通过思维，人们可以认识感知所不能直接反映的事物，透过现象看本质，掌握事物之间的规律性联系，并可以借助眼前事物了解其他事物，间接地预见和推知事物的发展。

三、智力培养：开启人生的智慧之门

前面我们已经提到过智力是由多种因素构成的，并且每一个构成因素的水平高低，不但会影响整个智力发展的水平，同时还会影响到其他智力因素的发展水平。因此，我们要从智力因素的每个方面来培养，才能提高我们的综合智力。

鉴于创造力的重要性，智力又是创造力的关键，因此，创造力的培养一并在此提及。

1. 训练一双慧眼：观察力的培养

观察是一种有计划、有目的、较持久的认识活动，科学研究、生产劳动、艺术创造、教育实践都需要对所面临的对象进行系统、周密、精确、审慎的观察，从而探寻出事物发展变化的规律。科学家、发明家、改革家、教育家、艺术家等的成就，在很大程度上是与观察力的高度发展分不开的。

培养观察力的几个要点如下：

（1）要有明确的观察目的

青少年要想培养自己的观察力，就必须明确观察目的，而且目的越

具体越好。若观察目的明确，则对某一事物的感知就完整清楚，反之，就会左顾右盼，抓不住实质。在明确目的的前提下，从提出具体的观察任务开始，接着应拟定详细的观察计划，这样才能有效地预见到观察对象的各个侧面，避免观察的偶然性和自发性。在自己提不出观察目的任务时，应经别人帮助完成，但更重要的是能独立地给自己提出观察的目的任务。

（2）掌握正确的观察方法和技巧

要使观察能顺利进行，必须掌握一定的观察的方法，学会观察的技巧。观察时，必须根据观察目的，有计划、有次序地进行，对该了解什么，从哪些方面入手，要心中有数；观察时还应用心思考，不能走马观花。由表及里，由此及彼地观察。一般可以有以下几种方式：一是按事物出现的时间顺序观察，可由先到后；二是按事物所处的空间观察，可由近及远，也可由远及近；三是按事物结构观察，可由外（左、上）到内（右、下），也可相反；四是按事物特点观察，可由显到微，也可由微到显；五是按事物的形态观察，可由整体到部分，由轮廓到细节。最后还要做好观察记录和总结。

（3）拓宽视野，广览博闻

丰富的表象，储备和积累的经验，是提高观察力的重要因素，所谓“外行看热闹，内行看门道”，“仁者见仁，智者见智”，正证明了这一问题。一个人若对某一对象一无所知，他的观察必定是视而不见，徒劳无功的。比如说看甲骨文，看文物，对外行来说，只能是茫然视之。知识学得扎实，视野开阔，道理融会贯通，对观察的问题把握得就深刻全面，否则，不仅不能理解所观察的事物，而且对某些特性根本就不能觉察到。

（4）要有良好的心理条件

常言道：“兴趣是最好的老师”，只有当你对某一事物或现象有了浓厚的兴趣后，才能积极主动持久地观察它，因此广博而稳定的兴趣是观察力得以提高的重要一环。一个人有了广博的知识，他会对周围的一切留心、感知，一个人有了中心兴趣之后，他会对某一对象进行持久的观察。在观察时，要多问自己几个“为什么?”，做到通过观察发现问题，通过观察养成解决问题的欲望。观察时，既要善于抓住事物明显的特征，又要把握事物隐蔽的部分；既要观察事物发展的全过程，又要掌握事物发展中的每一部分或每一阶段；既要搞清事物之间的内在联系，又要找出其细微差别。这就要求在观察时注意力要持久稳定，不可见异思迁，半途而废。同时，在观察时，还要积极动脑，思维敏捷，善于抓住稍纵即逝的闪光点和为常人所不易察觉的或容易忽略的地方，找出带有规律性的特征来。科学家、发明家的可贵之处往往就在于此。苹果落地、水蒸气冲升壶盖，这种司空见惯的现象无人问津，而牛顿、瓦特却抓住不放，刨根究底，从而发现了万有引力定律，发明了蒸汽机。

可以说，人类社会的众多发明创造，都是人们经过精心而深邃、长期而系统的观察所孕育的硕果和结晶，所以，青少年要着力培养、提高自己的观察力。

2. 一心不可二用：注意力的培养

注意力是学习与成才的重要条件，该学什么，该做什么，该怎么做，这种对内容的选择都是由注意决定的。按燕国材教授的说法，注意是智力活动的警卫，外界信息纷至沓来后，人们不能一概接受；那么究竟对何者开门纳入，对何者闭门谢客，就靠注意发挥其警卫作用。而且，注意还是智力活动的组织者和维持者，人们的智力活动，都因有注意的参与，才得以顺利而有效地发生、发展和形成。

注意力对人的一生具有十分重要的意义，它可以保证人能及时而准确地反映客观事物及其变化，使人能更好地适应周围的环境。在社会生活中，人们常常关注那些含有重大社会意义的问题，从而能更好地观察思考这些问题，根据自己对这些问题的认识来采取一定的行动。

良好的注意力能使人们集中自己的精力，提高观察、记忆、想象、思维的效率，可以说，能集中注意力的人就等于打开了智慧的天窗。所以注意力的培养对于开发人的智力，提高学习质量与工作效率，是必不可少的因素。

培养注意力的方法如下：

（1）养成细致认真的习惯

注意的分散是学习、工作的大敌，培养注意力必须培养细致认真的习惯。一方面，要加强自身有意注意的培养，用一定的意志力控制自己的注意，自觉抵御外界的干扰；另一方面，还得尽量减少无关刺激的干扰，同时要保持良好的休息和睡眠，增强体质，保证健康；再者要养成一丝不苟、严肃认真、精益求精的良好习惯和作风，这对于集中注意，深入思考，完成学业会大有裨益。

（2）善于运用注意的规律组织自己的学习活动

在学习中，我们很多知识是通过无意注意获得的。通过泛读，我们可在无意中获取大量有用的知识，这要求青少年要利用一切可利用的时间阅读大量书籍，以扩大自己的知识面；另一方面，我们的系统知识又是通过有意注意获得的，这就需要精读，把每一个问题搞懂吃透，要求我们在学习时劳逸结合，争取以最佳的状态投入到学习中去。同时，在学习中为了能使注意保持长期的稳定和高度的集中，还应妥善安排学习活动，使它丰富多彩，把看、读、写、做结合起来交替进行。在学习新知识时，尽量做到难易适中，使新知识尽量建立在原有知识的基础上，并把新知识纳入已有知识体系之中。另外，要培养形成良好的注意习惯，使自己能始终愉快地进行学习和工作。

（3）培养广阔而稳定的兴趣

注意和兴趣的关系往往是间接的，**人对于活动的过程可能没有兴**

趣，但对于活动的结果却有很大的兴趣；这种间接的兴趣几乎存在于一切自觉进行的每一项活动中。有时，我们对某一门功课，某一种专业，或某一门学科的某一部分很不感兴趣，但是当我们认识到这一些对我们日后的学习和工作具有重要作用时，我们便会鼓起勇气，去攻克难关。

温馨提示

在单位时间内，因为人的精力有限，不可能不一心二用，故只有靠专心致志、全神贯注、聚精会神，才有可能达到专注的最佳效果。

3. 让你过目不忘：记忆力的培养

记忆力是智力活动的仓库，素有“心灵之仓”之称。假如智力是一家工厂，那么记忆便是原料仓库，只有当这个仓库中储备了丰足的原料和信息后，智力这个工厂才能很好地工作，进行加工造出好的产品来。如果没有记忆，一切事物都得从头感知；由于头脑中没有感性材料的储备，想象、思维就成了无源之水、无本之木而无法进行，更谈不上智力的发展了。古代一些常用语：“前事不忘，后事之师”，“失败是成功之母”，“吃一堑，长一智”等，说的都是这个意思。

日常生活中，我们在评价人是否聪明时，也常以其记忆水平作为指标。我们把过目成诵、旁征博引、博闻强记的人称为聪明人，而把学了就忘，遇事一问三不知者，称为糊涂虫。这种看法虽然片面，但也说明了记忆水平的高低对人的影响。正因为记忆是人们学习、掌握各门科学知识的必要条件，所以，记忆力的培养与提高就成为人们十分注意的问题。

青少年的学习大部分是接受前人积累的知识经验，在有限的时间内，学习大量的内容，并通过学习以发展自己的想象力与思维力。综合各家看法，提高记忆水平，可依据以下途径：

（1）提高记忆的积极性

从记忆的规律看，**凡是与人的需要有关的学习内容，就容易记住记牢；凡是能引起人感兴趣的知识，就记得快，记得久；凡能激起人积极情感的事物，能较长久地保留在头脑中。**因此，青少年培养记忆力的第一环是要树立明确的学习目的，养成强烈的求知欲，培养好学的精神。对于那些复杂而难记的知识，要明确记些什么，怎么去记，为什么要记，唯有如此，才能调动起学习的积极性，使自己的注意、思维、情感都处于积极活动之中，使自己乐此不疲，精力充沛地进行学习。应防止不分重点、难点盲目地记忆或临时抱佛脚，把学习当作苦差使来应付的坏习惯。

（2）提出明确的记忆任务

实践证明，记忆有没有明确的目的，任务是否得当，直接影响记忆的效果。一般说来，记忆的目标越明确、越具体，记忆的效果越好。该记住的重点内容要下决心严格要求自己记住，不能得过且过。提出的任务要适当科学。一般来讲，要求长期记住的材料，比要求一般了解的材料记忆效果要好；按顺序记忆优于杂乱无章记忆；要求精确记忆的知识比要求记大意的材料效果好；可记忆的材料数量越多，困难越大，所需时间也越长，效果也不好。因此，在单位时间内不能要求一口吃个大胖子。同时，还应养成自己随时检查的习惯，学过的东西，过一段时间力图回忆一下，并进行过度学习，即达到勉强背诵的程度后，趁热打铁再学几遍。

（3）树立记忆的信念

人的记忆有明显差异，比如有的人长于形象记忆，有的人长于逻辑记忆，有的人记忆敏捷，有的人记忆长久。**一个人只要大脑正常，其记忆潜力是无穷无尽的；**尽可能增强信心，自觉运用记忆规律，挖掘自己的记忆潜力，才能事半功倍。

（4）加强理解，丰富知识经验

理解是记忆的基础，记忆应以理解为前提。在记忆过程中，多动脑筋，多琢磨，记忆效果就好，如果只是机械重复，效果不会令人满意。学习时防止走形式，赶速度，不求甚解。对所学的知识一定要搞懂、搞通。只有通过积极思考，达到深刻理解，才能牢牢记住。要想加深理解，就必须扩大知识面，丰富知识储备。知识越丰富，就越容易把新学的知识纳入旧体系之中，做到举一反三，触类旁通。这样，理解会更深，记忆会更持久。而知识面窄，孤陋寡闻，对所学材料不理解，就只能生吞活剥，死记硬背，印象不深也就过后就忘。

（5）合理组织复习

复习是行之有效的记忆方法。复习首先要及时，因为所学的知识一开始忘得既多又快，所以要提早动手，不能等忘得差不多了再从头学起。其次，学习形式要多样化。比如内在联系比较密切的知识可以加以归类复习；研究方法或性质相似的知识可以类比；系统性较强的材料，可以编拟提纲，进行逻辑分类。另外，还要依靠多种器官的协调活动，看、听、说、写、想、读并用。再次，可正确分配复习时间，一般说，分散学习优于集中学习，这种方法可用于难度大、分量重的内容；而难度小、内容少的材料，可以集中突击。最后还得注意阅读与试图回忆相结合。单纯地反复阅读，往往会流于形式，印象不深，因此，重点的地方和内容一定要达到能背诵的程度。试图回忆可以掌握材料的难点和特点，从而使记忆更有目的性。

（6）注意用脑卫生

虽然说脑子越用越灵，但如果无休止地让大脑紧张地活动，不仅会使人身心疲惫，心神恍惚，而且也会损伤身体健康。所以，有劳有逸，学习时不能拼体力，熬时间，一段紧张学习过后，应适当地休息或运动一下。

日本学者保坂荣之介在《如何增强记忆力、注意力》一书中也提出了一些提高记忆力应注意的要点：静下心来使精神放松，然后再开始记忆；尽量使脑细胞始终保持良好的状态；关键在于要有信心，时刻提醒自己“我能记住”；对记忆的对象要有兴趣，兴趣会成为增强记忆力的促进剂；强烈的需要可以促进记忆；人逢喜事记忆强，所以应注意调控自己的心境；细致的观察有助于记忆；边预想边记忆效果好；熟能生巧。

青少年时代是记忆力发展的黄金时代，记忆力的发展水平不仅影响到学习成绩，而且也是影响智力发展的关键所在。

4. 展开想象的翅膀：想象力的培养

想象是智力发展的重要因素。可以说，想象是智力活动的翅膀，它是人们学习科学文化知识和进行创造性活动必不可少的条件。一个人想象丰富，思路必然开阔，智力发展水平便会有所提高；反之，想象贫乏，思路狭窄，其智力就难以发展。刘勰也说过，通过它，一个人便可“思接千载，视通万里”，也就是说，人们可以借助于想象，打破时空所限，信马由缰，驰骋自如。

对青少年来讲，这个时期正是喜欢幻想的年龄，对未来都有美好的憧憬；积极的幻想，可以成为学习的巨大动力，如幻想可以把光明的未来展现在眼前，这可以产生无尽的力量投身于学习之中。想象的参与，可以提高学习的主动性与创造性，不至于对书本上的知识和教师的讲课囫囵吞枣。青少年在想象力的培养方面要注意以下几点：

（1）扩大知识领域，丰富表象储备

想象是在已有的表象上展开的，任何想象都不能离开已有的知识基础。一个人的感性知识越丰富，就越能产生丰富生动的想象。对已储备的知识，要善于在实践中运用，在实际应用中加深印象，并在运用中提高想象的积极性。

（2）加强课外阅读

课外阅读是培养想象力的有效途径。阅读时，要根据阅读材料的性质提出不同的要求。阅读文学艺术作品要按作品的描绘，在头脑中形成生动具体的形象，同时努力提高阅读水平和文字表达能力；阅读科技读物，应在读懂作品文字说明的基础上，进一步全面了解各种现象的相互关系，努力领会所讲述的科学原则、原理，不能浅尝辄止，一知半解。阅读史、地、政治类读物，更不能死记硬背，要理清头绪，展开想象，做到上下五千年，纵横八万里，尽收腹中。

（3）努力养成良好的想象习惯

受年龄与知识的影响，青少年对周围的一切都有强烈的好奇心和浓厚的兴趣，特别富于幻想。这种好奇心与探求欲望，是值得特别珍惜与爱护的。青少年应当在成人的帮助下，努力形成自己正确的世界观和树立远大的理想，力争使想象有健康的内容、正确的方向，并且符合客观实际。

一切科学发明，技术革新，文艺创作，都离不开创造想象，而创造想象的产生，需要下列条件：一是原型启发。原型启发的事例在各种创造发明中是屡见不鲜的；通过联想可把旧有表象结合起来，或把旧有表象典型化而产生新形象，这往往得从其他事物中得到解决问题的启发，从而找到解决问题的途径。二是灵感出现。灵感是人的全部精神力量和高度积极性的集中表现，它同人的创新动机和对解决任务的方法不断寻觅和探求直接联系着。在灵感状态下，人的注意力完全集中在创造活动对象上，意识十分清晰而敏锐，工作效率达到意想不到的高水平。

（4）积极思维，大胆幻想

只有经过积极、正确的思维，想象才能沿着正确方向顺利进行。而大胆幻想是科学的先导，可以说没有大胆幻想就没有科学的发展。古代就有了飞毯、风火轮、嫦娥奔月、龙宫探宝等幻想，经过努力，这些幻想今天大都实现了——飞机、火箭、宇宙飞船、潜水艇等。在一定程度上，幻想会影响着一个人生活的道路和他所能达到成就的高度。

温馨提示

想象可以把死的知识变成活的东西，可以打破知识的限制，把古今中外一切有益的东西联系起来，使学习变得轻松愉快。

5. 开启智慧之门：思维能力的培养

在智力的组成因素中，思维占有十分重要的地位，可以说是核心地位。因为观察、注意、记忆、想象都是与思维密切联系在一起的。燕国材教授曾称思维是“智力活动的方法”。智力就好比一只鸟儿，要运用和发展智力，就必须运用思维力。掌握一套智力操作的方法即思维方法，就可以在大量的信息事实基础上，进行积极加工，合理改造，去粗取精，提出各种新结论，以解决各种新问题。同时，思维是智力的核心，其他诸因素都为它服务，为它提供加工的信息原料，为它提供活动的动力资源；没有思维这一加工机器的运转，则信息原料和动力资源都只能是一堆废物。另外，其他诸因素，都必须受思维力支配，即必须有思维力参与，才能有效地进行。马克思曾指出：“任何人的职责、使命、任务，都是全面地发展自己的能力，其中包括思维能力。”的确，思维在一个人学习和成才过程中起着至关重要的作用。孔子说：“学而不思则罔”，意即光学习不动脑思考，就会一无所获，迷惘无知。有青少年闻一知一，就是不动脑思考的结果；有的青少年知识经验不少，也能上知天文、下知地理，却没有一点自己的方法和观点，这同样是缺乏思维的表现。有疑难才能发现问题，有了问题方能启动大脑，有了思索才会有收获。

思维力的培养应注意以下几点：

（1）善于发现问题、提出问题

思维活动是从问题开始的，善于发现问题、提出问题，是各种专门人才必须具备的素质。凡在人类历史长河中有突出贡献的人，都具有善于发现问题和提出问题的能力；他们不仅能学习和借鉴前人的成果和已有的知识经验，而且能从中发现问题，提出问题，进行新的探索，从而有所创新、有所发明。如伽利略敢于向权威挑战，抵住世俗的眼光，大胆地在比萨斜塔实验，打破了神话；魏格纳大胆设疑，标新立异地提出大陆漂移假设；爱因斯坦敢冒天下之大不韪，突破牛顿经典理论的束缚，创立相对论。我们可以这么说，**一个人的真正智慧体现在不断地发现矛盾和解决矛盾之中。安于现状，不思进取，墨守成规是永远不可能进步的。**

（2）明确思维的目的和方向

思维总是为解决一定的问题而进行的，有目的的思考才有意义，才有可能成功，漫无目的的乱想不会有什么结果。正确的思考动机与强烈的思考兴趣与愿望，能推动人们积极地去弄清楚为什么思考，思考什么问题，怎样去思考。只有这样，才能做到心中有数，使得思维活动持久有序，能随时随处发现与思维目的有关的一系列事情，使得思维有章可循，有始有终。要想做到这一点，应不断地向自己提出一系列小问题，让思维一步步、一层层地深入展开，直到问题解决。

（3）思路开阔，知识充分，方法得当

思维只有在清晰开阔时才能顺利进行，才能以最简捷、最有效的方法去分析和解决问题。为了开阔思路，就要求自己从各个不同方面和角度提出问题，进行思考，尽可能多想几种解决问题的办法和途径，并择优录用。要善于根据条件的变化，及时开拓思路，勇于打破条条框框的束缚，克服思维惰性。思维要想顺利展开，还必须以一定的知识储备为前提。只有当一个人有了充足的材料和经验后，才能从中发现问题，找出疑点来。正确的思维，还应有正确的思维方法为依托。应避免静止、孤立、片面地看问题，克服不推理、不分析、不比较、盲目下结论的缺点。通过比较，可识别事物之间的异同；通过分析，可深入了解事物各个部分与属性；通过综合，可从整体上把握问题；通过抽象与概括，可找出事物的本质联系与关系。要在学习中不断总结经验，找到分析和思考问题的方法，做到有条有理地思维。

（4）积极发展创造性思维

创造性思维是思维的高级阶段，创造任何一样东西都与创造性思维有关。要想发展创造性思维，仍然要有强烈的求知欲和好奇心。此外，思维还要流畅、变通，要不依定规，努力寻求变异，探求多种解决问题的办法。

我国南宋思想家朱熹讲：“读书无疑者，须教有疑，有疑者却要无疑，到这里方是长进。”

6. 创造卓越人生：创造力的培养

人们往往把创造视为少数发明家、科学家、艺术家的专利，其实不然，创造力是人类普遍具有的能力，它不仅表现在较罕见的真创造中，而且，还表现在常见和普遍的类创造（个人历史的首创）之中。有的人认为，只要自己聪明，智商高，就一定会有发明创造，也不尽然。有些人虽然很聪明，智商也很高，却终生表现平平，没有任何创造性表现；而有的人虽然智商不是特别高，然而工作努力，不怕困难，百折不挠，终成大业。

国内外学者对创造力强的人进行了大量研究，指出了一些他们所具有的明显特征。我国心理学工作者将其总结为以下十个特征：

· 作文想象力丰富，能独立选材，题材新颖、风趣。

· 对环境的感受力强，能觉察别人忽略的事实。

· 能闻一知十，举一反三，触类旁通。

· 能提出卓越的见解，以新奇的方式处理事情。

· 心智活跃，思路畅通，解答问题敏捷。

· 办事热心，坚持不懈，不怕挫折。

· 独立性强，有主见，不轻信别人意见。

· 有自信心，有理想。

· 兴趣既广泛又专一。

· 有强烈的好奇心和探究心理。

对青少年而言，培养创造力需要注意以下几个方面：

（1）培养独立性和主动性

大凡有创造力的人都是有主见和自信心极强的人，不轻信别人的意见，不盲目崇拜权威，总按事物的本来面目和规律研究问题，不随波逐流。有的家长认为听话、顺从的孩子是好孩子，不放手、不鼓励孩子做一些力所能及的事情，久而久之，就会使青少年形成依赖心理，胆小怕事，经不起一点挫折和失败，意志薄弱，结果处于萌芽状态的创造力被无情地扼杀了。青少年应相信自己，放开手脚，做一些事情；遇到困难时，要动脑筋想办法独立解决；当有了别出心裁的想法和大胆有效的行为时，要及时去做，坚持做下去，直至成功。

（2）开发创造意识

青少年有旺盛的精力和强烈的好奇心与求知欲，理应大胆地去想、去做，进行创造性尝试。前苏联教育家苏霍姆林斯基说：“儿童的智慧在他的手指尖上。”其实，青少年的智慧也如此。青少年朋友要大胆地进行各种创造性尝试。当创造活动遇到困难和挫折时，要善于想办法解决；要使自己经常体会到成功的欢乐，以激发更强的创造欲望。

（3）面对问题情景，大胆思索

不少青少年由于缺乏知识经验，加上自信心不足，不能发现问题，更不善于提出问题；有的虽会提出一些想法和问题，却又不肯动脑子、想办法解决问题。这些都不利于创造力的发展。平时遇到一些有建设性意义的问题要主动去思考，结合所学知识，开动脑筋、查阅资料自己寻找答案，并且答案越多、越奇越好。等自己带有臆想的大胆念头出现时，及时肯定并进一步论证，向正确的方向发展。

（4）重视非智力因素的培养

国外研究指出，决定一个人创造成就的大小不全在于其智力水平的高低（当然其智商应在正常或正常水平以上），而是与个人的非智力因素尤其是个性品质密切相关的。国内外做出巨大贡献的富有创造的人都具有热爱事业，兴趣广泛，自尊自信，情绪乐观，持之以恒，不畏风险，坚韧不拔，百折不挠等特点。其中**坚强的性格，坚定的意志品质，是成功的首要前提和根本保证。**

青少年应加强自身修养，逐渐使自己能经得住磕磕碰碰，培养自己敢想敢为、勇于进取、坚持不懈以及克己自制的品质。

第三章

情商素质：主宰人生的力量

智商决定人生20%，情商则主宰人生80%。情商对人们一生的发展具有更为重要的影响。由此，我们可以理解为什么智商高的人并不都能成功，而智力一般但善于控制自己情绪的人会卓尔不群，表现非凡。

自情商概念提出，人生成功的方程式就得改写了。情商教育作为现代心理学最重要的研究成果，在人类跨入网络时代的今天，随着人际交往的密切，它将成为每个渴望人生成功的人理应关注的重要课题。

情商可以通过培养来提高，因而情商教育具有极其重要的意义。青少年朋友，行动起来吧。让我们来不断提高自己的情商！

一、脱颖而出的情商

传统意义上的智力并不能预测一个人未来是否能取得成功。成功的关键在情商而不是智商。

有人把情商比作“命运之神”的权杖。恋爱、交际，工作、生活，无论在哪一个领域，情商高的都会顺风顺水。

1. 情商的文化飓风

情商，即情感智商，也就是人对自己的情感、情绪的控制管理能力和在社会人际关系中的交往、调节能力等，属于人的精神范畴。它比人的智力更能决定人的成功和命运。人是有情感的，人的一切行为包括智力状态总会受到情感的笼罩。人可以被情感精神所左右，也能够通过努力，控制自身的情感与精神，使其稳定、健康、开阔、宽容，使其积极向上富有激情，成为一个高情商者，从而为自己的成才铺平道路。

情商决定了人们怎样才能充分而又完善地发挥自身所拥有的各种能力，包括人类的自然天赋能力。因此，情商是决定少年能否成才的最关键因素。

1996年4月，一股EQ文化飓风首先在中国宝岛台湾掀起。敏锐的台湾人及时地把戈尔曼的《情绪智力》翻译成中文版，率先在台湾出版。翻译是由台湾大学外文系毕业、曾在辅仁大学翻译研究所进修的张美惠完成的。张美惠的中文译本有个简洁的名字《EQ》，“EQ”其时就是英文“情商”的缩写。这个中译本一问世，便迅速在岛内引起轰动。短短的十个月内，《EQ》一书便在台湾省狂销了60万册。截止到1997年2月20日，《EQ》一书竟先后再版了31次，创下岛内出版界的一个新纪录。

随后，EQ旋风裹着台湾海峡的巨浪直扑而来。大陆迅速形成一个热潮，唐映红等学者先后出版了近十种不同版本的力作，重墨渲染“EQ”这一全新概念。在传播媒体铺天盖地的宣传中，中国人逐渐接受了“EQ”这一神秘而又似曾相识的“舶来品”。

《情绪智力》这本书是由美国《纽约时报》的专栏作家、哈佛大学教授丹尼尔·戈尔曼所作。1995年此书一出版，当时就在美国社会掀起轩然大波。各个阶层，各个领域，从大公司的高级白领，到流落街头的失业青年，都谈论、关注着EQ这个崭新的概念。戈尔曼的《情绪智力》出版以来一直高踞畅销书排行榜榜首，经久不衰。

戈尔曼的《情绪智力》提出了脑部情绪结构的新发现，试图解释情绪影响理智的规律。书中就大脑在人们喜、怒、哀、乐等情绪发生时的状态作了剖析，借此来说明不恰当的学习经验如何导致难以抑制的情绪习惯，以及如何才能克制不恰当的冲动。在这本书中，戈尔曼将智力一词做了新的扩充解释，而其中的EQ则被认为是人们最重要的生存能力。他指出，EQ的影响遍及生活各个层面，不仅与人际关系的和谐与否关系密切，而且随着新的市场力量使职业要求发生改变，高人一筹的情绪能力更成为取得成功的关键。同时，戈尔曼还指出：**消极的情绪反应对人们健康的危害更甚于吸烟，而情绪的平衡则是确保人们健康与幸福的诀窍。**

温馨提示

戈尔曼《情绪智力》的魅力在于通过大量的实例分析和心理研究成果，阐述了一个发人深省的新概念——情商。与其说是戈尔曼在全球刮起了一股文化飓风，倒不如说是“情商”这一全新的概念引发了人们的心智革命。

2. 情商的魅力内涵

传统的智商观念总局限在狭隘的语言与算术能力、智力测验的成绩。最能直接测验的，充其量不过是课堂上的表现或学术上的成就，至于学术以外的生活领域便很难触及。不少心理学家扩大了智力的定义，尝试从整体人生成就的角度着眼，从而对其重要性作了全新的评价。其中最为世人瞩目的耶鲁大学的心理学家彼得·塞拉维提出的见解，他在解释EQ内涵时，从五个方面进行了阐发：

· 认识自身的情绪。认识情绪的本质是EQ的基石，这种随时随刻认知感觉的能力，对了解自己非常重要。不了解自身真实感受的人必然沦为感觉的奴隶；反之，掌握感觉才能成为生活的主宰，面对婚姻或工作等人生大事才能有所抉择。

· 妥善管理情绪。情绪管理必须建立在自我认知的基础上。如何自我安慰，摆脱焦虑、灰暗或不安等。这方面能力较匮乏的人常需与低落的情绪交战，掌握自如的人则能很快走出生命的低潮，重新出发。

· 自我激励。无论是要集中注意力、自我激励还是发挥创造力，将情绪专注于一项目标都是绝对必要的。成就任何事情都要靠情感的自制力——克制冲动与延迟满足。保持高度热忱是一切成就的动力。一般而言，能自我激励的人做任何事效率都比较高。

· 认知他人的情绪。同情心也是基本的人际技巧，同样建立在自我认知的基础上。具有同情心的人较能从细微的信息察觉他人的需求，这种人特别适于从事医护、教学、销售与管理工作。

· 人际关系的管理。人际关系就是管理他人情绪的艺术。一个人的人缘、领导能力、人际和谐程度都与这项能力有关，充分掌握这项能力的人常是社会上的佼佼者。

塞拉维指出，每个人在这些方面的能力都不同，有些人可能很善于处理自己的焦虑，对别人的哀伤却不知如何安慰。

温馨提示

人的一些基本能力可能是与生俱来的，存在优劣之分，但人脑的可塑性也很高，某方面的能力不足可以通过训练和强化加以弥补与改善。

在我国，一些心理学家对情商也进行了研究。青年心理学家唐映红认为**情商分为五个部分，即自我意识、自我激励、情绪控制、人际沟通和挫折承受能力。而实质上，情绪的内涵与情商有很大相通之处。**

（1）自我意识

自我意识同心境的关系是相互的：一方面，正确的自我意识可以培养积极的心境，不正确的自我意识则可能导致消极的心境；另一方面，积极的心境有利于形成正确和良好的以及乐观的自我意识，而消极的心境则往往伴随着歪曲的、不正确的自我意识。

（2）自我激励

自我激励既依赖于心境，也与激情密切相关。心境是自我激励的因，激情是自我激励的果。在良好的心境条件下，人们可能很好地自我激励，不过，低沉的心境，特别是挫折感、侮辱感等都更能激发人的潜能和动机。**古话说“请将不如激将”，便是利用“知耻而后勇”来激发人的勇气和才能的。**好的心境可能使人们产生两种截然不同的态度：一种是自我感觉良好，不思进取；另一种是更加坚定、自信并且执着，激发自己取得进一步的成功。这两种不同的态度是由不同的人不同的自我意识、性格、气质等因素所决定的。同样，消极的心境也可能导致两种不同的后果：一种是变得悲观、抑郁、消沉，甚至颓废、沮丧；另一种是从屈辱中汲取力量，力图“知耻而后勇”。**总之自我激励的结果便是需要唤发起自己身上的激情、热情。**缺乏生命的激情，可能使人罹患上抑郁症；缺乏工作的激情，难以创建一番宏伟的事业；缺乏爱的激情，生活中是很难体会到幸福和快乐的；缺乏信仰的激情，则根本不可能为理想而献身。

（3）情绪控制

无论是心境、激情还是应激都需要控制。对自己的激情状态，则更需要扬长避短，培养并发扬积极的激情，避免或设法消除消极的激情。情绪控制中最难控制的是应激，应激是机体遭遇外界刺激而引发强烈的情绪变化，表现为交感神经兴奋、垂体和肾上腺皮质激素分泌增多，血糖升高，血压上升，心率加快和呼吸加速等反应。**应激是一种机体的本能反应，尽管应激的发生不受意识的控制，但对应激却可以通过训练或练习而得以加强。**

（4）人际沟通

人际沟通其实是能更多地反映出个人情商水平高低的一个标准。如果一个人与别人缺乏沟通，甚至连与同事、邻居的关系也搞不好，很难预测他在事业上会取得成功；相反，成功人士都普遍具有一个特点：人缘好。人际沟通同心境和激情关系紧密。一个心境低沉、消极的人，很难得到别人的喜欢和信任，一个焦虑、悲观或是抑郁的人也不会有许多朋友，一个嫉妒、任性的人生活中也大都缺少真挚的友情。相反，心境乐观、积极的人，自然能吸引人群的注目。

一个心境豁达、开朗或是轻松的人，身边必定有不少值得依赖的朋友。同样，人际沟通畅通、人际关系好，心境也会相应改善；人际沟通阻塞，人际关系不好，心境也容易忧郁难解。

（5）挫折承受能力

当一个人遭遇挫折，通常会引发消极的情绪。如果一个人承受挫折能力差，他就会拙于应付随之而来的消极情绪；消极的情绪也妨碍他的行动和努力，使他更容易遭受失败或挫折；进一步的失败和挫折反过来又会加重他的消极情绪。因此，**挫折承受能力的强弱，直接关系和影响到情商水平的高低。**

3. 情商唤醒人的心中的巨人

正如智商被用来反映传统意义上的智力一样，情商（EQ）亦被用来衡量一个人的情感智商的高低。如果说智商分数更多的是被用来预测一个人的学业成就，那么情商分数则被认为是用于预测一个人能否取得职业成功或生活成功的更有效的东西，它更好地反映了个体的社会适应性。

情商与智力的概念不同，如果把智力看作是一种潜在的智慧能量的话，那么，“情商”将是唤醒这些潜在能量的笛声。现代科学研究成果表明，人类有巨大的智慧潜能。就人脑的记忆储存量来讲，有些学者认为正常人脑的储存量可达1,000,000,000,000,000比特；有的专家则认为，人脑的信息储存量大约相当于5亿册图书的信息，这个数字相当于美国国会图书馆藏书量的50倍。

美国心理学家W.詹姆士认为，一般人只运用了其总体智慧的10%；而H.奥托则干脆认为，一个人表现出来的智慧只占他全部智慧潜能的4%；甚至那些成就卓著的科学家们，他们运用的智慧，也不超过他们全部智慧潜能的30%。心理学家们的研究表明，如果人们迫使自己运用自己智慧潜能的一半，人们就可以轻而易举地学会40~50种语言，将一部大英百科全书背得滚瓜烂熟，并顺利学完数十所大学的博士课程。这些对人类智慧潜能的估量使一般人难以置信。为此，美国心理学家卢果感叹道：“我们最大的悲剧不是恐怖的地震、连年的战争，甚至不是原子弹投向日本广岛，而是千千万万的人们活着然后死亡，却从未意识到存在于他们自身的人类未开发的巨大潜能。如此之多的现代人，其生活中心竟然只是生活的安全、食物的充足以及电视和卡通片的感官刺激。我等芸芸众生却不知道自己究竟是什么人，或可以成为什么人；如此之多的吾辈尚未经历足够的心理和社会的诞生，却已经衰老死亡。”**而妨碍人们充分发挥出自己大脑的智慧潜能的不是“智力水平”的高低，而恰恰是情绪因素。**

懒惰、缺乏自信和得过且过使我们心中的巨人长久地蛰伏沉睡着，“情商”概念的出现，使人类第一次能够审视自己的潜质，能够找到唤醒心中巨人的“法宝”。

4. 情商引领人生的命运

生活中，有些人最初在潜质、学历、机会各方面都旗鼓相当，后来的成就却大相径庭，这便很难以智商来解释。美国波士顿大学教育系教授凯伦·阿诺对那些优秀中学毕业生说：

“我想这些学生可以归类为尽职的一群，他们知道如何在正规体制中有良好的表现，但也和其他人一样必须经历一番努力。所以当你碰到一个毕业致词代表，唯一能预测的是他的考试成绩不错，但是我们无从知道他应付生命顺逆的能力如何。”

由上可见，学业成绩优异，并不保证你在面对人生磨难或机会时会有适当的反应。戈尔曼呼吁：“既然高智商不一定能与幸福快乐或成功画上等号，我们的教育与文化却仍以学业能力为重，忽略了与每个人命运息息相关的情商，这不能不引起我们众多的教育家与心理学家们的关注。”

诸多证据显示：情商较高的人在人生各个领域都较占优势，无论是谈恋爱，人际关系或是对生活的态度，成功的机会都比较大。鉴于此，美国哈佛大学教育学院的心理学家霍华德·嘉纳正在推行一套多元发展计划，目标是培养学生多方面的智力。嘉纳指出：

“芸芸众生，命运之神往往青睐的人就是生活中的强者——他们不是命中注定就有惊人的成就，而后天的努力是他们事业成功的归因，这当中情商是命运天平中关键的砝码。情商较高的人一般能较好地把握住生活中的机遇，最终取得成功。”

一个人最后在社会上占据什么位置，取得多大的成就，绝大部分取决于情商因素。情感智商高者，能够清醒地了解并把握自己的情感精神，敏锐感受并有效反馈他人情绪的变化，使自己在生活各个层面都占尽优势。

二、高情商是成才的基石

情商是一种心灵力量，是一种精神魅力，是一种为人的涵养，是一种性格的因素。情商包括了抑制冲动、延迟满足的克制力，包括了如何控制自己的情绪的能力，包括了如何建立良好的人际关系，如何培养自我激励的心灵动力……

前面我们提到过，我国的心理学家把情商分为五个部分，即自我意识、自我激励、情绪控制、人际沟通和挫折承受能力。下面我们就从这五个方面分别阐述一下高情商对人生事业的影响。

1. 自我意识：生命运行中的内核

茫茫宇宙，星球如同恒河里的沙粒，不可计量；而一切星球都在各自轨迹上独立运行着，显得有条不紊、井然有序。这是因为他们并非都是无拘无束的流浪汉，而总是有着自己固定的“国籍”：即星系。每个星系都拥有对星系成员的强大约束力：即向心力。

生命的运行亦如此。从混沌到有序，这是一个长期的过程。

被称为“珠宝王国”之王的香港巨富陈圣泽，最初只是一个贫家子弟。他初到香港时，干的是地位最低下、最卑微的学徒工。在这个不起眼的学徒心中有一个宏伟志愿：将来建立自己的珠宝王国。陈圣泽卧薪尝胆，掌握了熟练的打金技术后，便辞职自立门户。陈圣泽第一次创业因经验不足而遭失败。他重新认识自己，决心只身到美国闯荡一番。从美国归来的陈圣泽眼界大开，羽毛渐丰。但他颇具自知之明，又到一家珠宝店里工作，在那里他学会了管理和人事方面的经验。时机已成熟，陈圣泽便创立自己的恒和珠宝公司。他采取了美国先进的“流水作业”式生产方式，大大提高了生产效率。这次陈圣泽一炮打响，恒和事业蒸蒸日上。今天的陈圣泽已成为拥有财产三亿五千万港元的亿万富翁，成为名副其实的珠宝王国的国王。

心理学家与成功学家对1000名创业成功者进行调查、观察、研究，历时长达两年之久，归纳出这些成功者们走向成功的10个步骤，这些步骤可以归纳为一点：**都具有积极的自我意识，能够从创业开始到成功都保持积极的自我认识、自我评价、自我控制以及自我期待。**为什么积极的自我意识能够产生如此神奇的力量呢?

温馨提示

我们透过纷繁复杂的日常行为也能找到运行的生命之内核：自我意识。而这个内核并不是生来俱有的，而是在现实的斗争中逐渐形成的。

无数事实和许多专家的研究成果告诉我们：每个人身上都有巨大的潜能没有开发出来。美国学者詹姆斯据其研究成果说：“普通人只发展了他蕴藏潜力的1/10，与应当取得的成就相比，我们不过是半醒着的，我们只利用了我们身心资源的很小一部分……”既然人人都有巨大的潜能，为什么实际生活中人与人却有千差万别呢?这当然是由于心理态度与努力程度不同所造成的，也和所受的教育和所处的境遇不同有关。只有具备积极的自我意识，一个人才会知道自己是个什么样的人，并知道能够成为什么样的人。因而他能积极地开发和利用自己身上的巨大潜能，干出非凡的事业来。美国杰出的总统罗斯福曾说过：“杰出的人不是那些天赋很高的人，而是那些把自己的才能尽可能地发挥到最大限度的人。”

从行为学的角度来说，积极的自我意识能使一个人的行为更加有效。首先，自身素质是行为发生的基础。积极的自我意识包含着对自身素质的清醒认识，对自身素质的有意识运用能促进自我的发展。拿破仑就是清醒地认识到自己身上的“最出色的军事家的素质”，从而成为一名优秀的军事家。如果一个人缺乏自知之明，那么他的行为是低效的，设想：如果偏偏让数学家用严密的、无懈可击的逻辑思维来写诗、而让诗人用奔放热情的形象思维来演算，那岂不让人啼笑皆非?其次，积极的动机对行为有推动作用。积极的自我意识也包含着“我将要成为怎样的人”的自我实现的目标，这是一种无形的动力。如美国盲人女作家海伦·凯勒所说的：“当你感到有一种力量推动你翱翔的时候，你是不应该爬行的。”拿破仑意识到自己要成为一个权力的掌握者后，他通过不懈的奋斗达到了这个目标。**现代人一大通病就是缺乏自我实现的目标，为生存而生活，终日碌碌无为。**

2. 自我激励：人生的财富之源

我们看待一些创业者，往往最关注他们创造的惊人的财富，可是从没有想过：生活在同样的社会环境中，他们凭什么比我们创造更多的财富？

从前有个故事，讲的是一户人家的地板下埋着两坛金子，而他们却浑然不觉，过着穷困潦倒的生活。许多人也正像这户守着财富却穷困潦倒的人家一样，让人觉得可悲、可叹、可笑。

也许你要问：“这笔财富是什么?为什么我没有觉察到呢?”

这笔财富就是隐伏于每个人内心深处的巨大核能：自我激励。你没有觉察到的原因，是因为它犹如一座矿藏，不是俯身可拾的，而是需要一个从挖掘到利用的过程。而创业者能在现实的斗争中不断开采这座矿藏，这种内在的能源一旦与现实材料结合，便以财富的形式固定下来。虽然不同的创业家使用的现实材料不同，有的取材于政治，有的取材于经济，有的取材于文艺……**但他们源源不断的财富之源都是自我激励。**

自我激励始终贯穿于创业者整个奋斗历程。白手起家的亿万富豪徐展堂便是这样的一个典型例子。

徐展堂自幼丧父，家境窘迫，可是一贫如洗的徐展堂坚决不向命运低头。他发誓要通过自己的奋斗挣钱发财，出人头地。最初徐展堂在一家银行里当信差，可是他并不因处境艰难而放弃自己的理想。他一边利用业余时间学习英语，啃读名人传记，牢记他们的成功秘诀；一边在实践上不断积累经商经验。辞掉信差后，徐展堂又四处闯荡。他从小本生意做起，走街串巷，卖过馄饨、摆过小摊，什么生意赚钱，他就干什么。这段经历磨砺了他坚强的意志，增加了他的社会阅历，丰富了他的经商经验。不管身份多么低微，现实如何残酷，徐展堂从来没有放弃自己的雄心壮志。正如他回顾艰辛的创业史时所说的那样："我当时抱定的信念是：成功得失的契机，在于自己能否把握机会及努力进展。"正是在这种自我激励下，徐展堂四面出击，愈战愈勇。凭着他独特的眼光和非凡的胆魄，加上磨炼出来的卓越的经商素质，他终于在进军房地产业时一举获得成功。这位财产逾亿的大富豪这样评价自己："我不相信命运，只相信个人努力。我订了目标便一心一意地去完成它，越困难越不放弃，解决困难成为我工作的动力。"

非常之人必有非常之志。徐展堂的事例告诉我们：**你也可以成为你心目中的那种人!自我激励便是你完成人生飞跃的翅膀。**

心理学研究表明：要取得绩效必须靠内部努力和外部激励，可是在相同的努力和激励的前提下，人们取得的绩效不尽相同。工作能力强固然容易出成绩，但只有能力而缺乏动机、缺乏工作的热情，也将会一事无成。我们在日常生活中也常见到，一些能力一般的人却比能力强的人更容易出成果，这主要就是由于动机激发程度的不同。罗斯福并不认为自己有什么天赋和非凡才干，只是认为自己有着强烈自我意识，把平凡的才能"在尽可能的限度内发挥到异乎寻常的高度"。青少年甚至可以看到，一些能力差的人可以通过强烈的进取心、过人的内驱力去取得与其自身能力不相称的特殊成绩。

许多人感到自己的生活平淡乏味，那是因为缺乏生活的激情，自我激励的结果便是唤起自己身上的激情、热情。如果一个人总是老气横秋，缺乏激情，那么可以说这个人绝不可能成功。学会自我意识，唤醒沉睡的生命激情，将把你带入崭新的人生境界。

温馨提示

每个人心中都有一笔巨大的无形财富，只不过，我们尚未意识到而已。而创业者却通过不断的拼搏与奋斗把这笔心理财富转化为现实的财富。

3. 情绪效应：一笔巨大的无形资产

对于一个成功的管理者来说，营造良好的管理气氛甚至比管理模式、管理方法的有效性还要大得多。有时，一个和谐的管理气氛可以激发职工的积极性和主动性，而一个好的管理模式和方法能起的作用只不过是尽量不使员工消极怠工而已。当然，掌握一种先进的管理模式和方法并不困难，难的是调整好管理的气氛。要调整好管理气氛，就必须掌握好“情绪”这把金钥匙。

对一个训练有素的管理者而言，“情绪”至少有三个主要作用。

其一，情绪是能量的调节阀。在一个群体里面，情绪能使你自动地聚集能量，应付恼人的紧张因素。如果把群体比喻成一个储存能量的罐子，而情绪控制就是开启这些能量的阀门。因此，为了更好地开发自己，你必须学会控制情绪。

其二，情绪能影响你对事物的评价。如果你密切地关注自己的情绪体验，就会使你对事物与情境的反应更为敏捷，从而可以影响你的判断。俗话说：“情人眼里出西施”，这表明情绪与判断是互相影响，密不可分的。

其三，情绪有助于改善人际关系。巧妙地运用情绪，将有助于增进你与别人的交流，你可以用情绪说服他人、安慰他人或激励他人，从而获得一笔人际效应，日后它将转化为经济效益。

未来学家们预测：未来企业面临更大挑战，与之相适应的是企业管理观念的更新与管理模式的改革。

温馨提示

未来企业管理模式将是富有人情味的团体形式，是结合成网状组织构架、以良好的人际关系为纽带的管理系统。

在管理系统中，情绪控制能力将处于尤为重要的地位。

时年39岁的美国首富比尔·盖茨也是一位高明的情绪控制者。他提出的管理口号是“分享一切”。坐落在西雅图附近的雷德蒙德微软公司总部看起来像一个大学生运动场。里面尽是花园、飞瀑，星期天职员们在这里打垒球，到健身房锻炼，或者去看电影、听音乐会。他们都穿着印有盖茨口号“你们的同事是你最好的朋友”的上衣，大家都对盖茨深信不疑。盖茨个人在银行账户存款达95亿美元，微软公司资产价值350亿美元，他在股市拥有的资产是美国波音公司的3倍。美国权威杂志《福布斯》把比尔·盖茨评选为美国首富时，公众都觉得理所当然。

比尔·盖茨善于把情感效应转化为经济效益，这也是他能创造惊人财富的原因之一。真诚的合作态度和主人翁精神，这也是不可估量的一笔无形资产，谁能合理利用它，谁就能获得更好的经济效益。

如果你想利用你的情绪力量，你就必须了解它，这是一个重要的原则。须知，你的情绪不是孤立的，也不是无法把握的，你的思想能直接影响你的情绪。**理性思考是控制情绪的重要工具，创业者对情绪的良好控制能力得益于他们优秀的理性思考能力。**

4. 人际沟通：走向成功的通行证

青少年在现实生活中不难见到这样的事例：

两个以同样优异成绩毕业的大学生，一个能很快适应社会，四处活动，左右逢源；另一个却安于现状，待在小岗位上，一事无成。两个同样狠抓管理、抓效益的企业，一个销量不断上翻，事业蒸蒸日上；一个却苟延残喘，面临倒闭的危险……这一系列活生生的事实不能不引起我们的思考，成功仅仅取决于一厢情愿的努力吗?

一份杂志上刊登了这么一个事例：

一位大学生以优异的成绩毕业分到一家单位工作。该生性格十分内向、沉默寡言，平时很少和同事交往，而且心高气傲，十分自负。这样一来，同事对这个人均十分反感，处处冷眼相待。在这样的环境中他的性格日益乖僻，终因一件小事与同事吵了起来，而其他同事都站到对方那边，并扬言要上书领导把他辞退。他怒火中烧，怀恨在心，操起桌面的一把水果刀疯狂向对方捅去……结果，他以故意伤害罪被判刑15年。

这位学校里的高才生落得这般下场，其悲剧的罪魁祸首则是人际交往的长期恶化。

美国卡耐基工业大学对1万人的案例进行分析，结果发现个人“智慧”、“专门技术”和“经验”只占成功因素的15%，其余85%决定于良好的人际关系。哈佛大学就业指导小组调查的结果也证实：数千名被解雇的男女中，人际关系不好的比不称职的高出两倍。

在信息爆炸、错综复杂、瞬息万变的年代，尤其应克服对科学的傲慢和偏见，要具有“T”型的知识结构，要在周围形成具有真正应变能力的智囊团，保持科学决策的自觉性；要和日本石川岛芝浦公司的总经理土光敏夫，以及日本著名跨国公司松下电器的创始人松下幸之助一样不仅和下属有“硬”沟通，而且要保持极其密切的“软”沟通，以激励他们的热情和创造力，避免由于个人权势的滥用以至产生上下隔离乃至众叛亲离的危险等。反过来，如果你漠视交际的重要功能而采取自我封闭的态度，就会导致自我认知的盲目以及对婚恋、家庭和友谊的失望、绝望，从而导致孤独无助、反社会意识的行为以及事业上的失败。

温馨提示

青少年应该学习那些成功的创业者，因为他们不仅具有良好的素质和坚韧不拔的意志，而且能在人际交往中得心应手、稳操胜券。

麦当劳是世界上最著名的快餐服务集团之一，它在世界许多国家都有自己的服务点，形成一个庞大的世界性的销售网络，而这个网络是依靠人际交往的优势建立起来的。人际交往反映在经济领域里首先表现为集团与集团之间的交往、合作。麦当劳在建立自己的国外连锁店时，也巧妙利用这种协作关系，倾向于采取合资形式。如在沙特，麦当劳即是与沙特王室成员合作。在海外4700家连锁店中，几乎都是采取合资形式，但麦当劳还坚持一个原则：要拥有股权的三分之二以上。麦当劳还善于利用地方优势，雇佣当地经济管理人才。同时，麦当劳还拥有一个长期盟友：可口可乐公司。可口可乐曾在40年前，扶了一把刚起步的麦当劳，而麦当劳则是“滴水之恩，涌泉相报”。在麦当劳所有的连锁店里，只销售可口可乐而找不到百事，顾客选购的也“自然是可口可乐”。在这良好的人际合作关系上，麦当劳才得以不断发展、壮大。

人际交往反映在企业内部，则表现为内部人际关系的协调一致。与大多数依赖高科技保持通讯联络的公司不同，麦当劳更相信面对面交谈这一最直接的人际交往方式的作用，在电子系统总部中没有电子信件，在公司主管迈克·昆拉的办公室里，甚至没有电脑。高管人员集中开会，互相切磋、交流成功经验。典型麦当劳会议是这样安排的：在悉尼召开亚洲地区连锁店经理会议；在伦敦召开欧洲采购会；世界性交流大会在芝加哥举行。就这样，麦当劳充分利用了人际交往的技巧成功地管理好了一个庞大的集团。

人际交往反映在销售上，表现为销售者与顾客之间的情感沟通。在这一方面，麦当劳的优势是无与伦比的。麦当劳销售的就是“服务”，正如公司主管迈克·昆拉自豪地说道：“我们的服务可能是世界上最好的，我们的服务是快速的，侍者们脸带微笑，人人可享受免费空调、免费浴室。我们告诉他们食物的成分，我们希望他们带着孩子来……”麦当劳之所以能风靡全球的奥秘就在于此：微笑、便宜、洁净、统一标准化食品。为了扩大人际交往的交际网，麦当劳还不惜巨款来做广告。大胆推荐自我，这也是人际交往的重要技巧。据统计：麦当劳每年花在广告上的费用达14亿美元，而且麦当劳还是世界上广告做得最多的单个商标。通过广告，麦当劳树立了热情周到、诚实可信的商标形象，更多的人被吸引到麦当劳当中来。

麦当劳成功的奥秘告诉我们：**人际关系是企业发展的生命线，无论是企业内还是企业外的人际关系，都对企业的生死存亡起着决定性的作用。**

5. 挫折承受能力：从废墟中重建罗马

从挫折中站起来的人，将比受挫前更加坚强、有力；从废墟中重建的罗马城，也比以往更加宏伟、壮丽。

对于真正的强者而言，不存在失败，那只能叫挫折，而不叫失败。失败与挫折有着本质的区别：失败包含着心理上的严重受损甚至导致精神崩溃，而挫折则是进展受阻或停顿而已。真正的强者，不会被失败打倒，因而也不存在强者的失败。

李·艾科卡是美国汽车工业巨子，然而，他也有一段坎坷的奋斗历程。当年，艾科卡通过自己的不懈奋斗，终于坐上了福特汽车公司总经理的交椅。然而祸从天降，艾科卡遭到先任职福特汽车公司董事长福特二世的嫉妒和排挤，一夜之间被撤去了总经理的职务。这个巨大的灾变对常人来说是无法接受的，然而艾科卡忍辱负重，依旧执着追求，宁肯不要福特公司一年上百万元的退休金，毅然担任了当时已濒临倒闭的克莱斯勒汽车公司的总裁。受命于危难之时，这一举动一时被人视之为疯狂。

此时该公司产品质量低下，严重滞销，债台高筑，求贷无门，内部机构臃肿，人浮于事。这家原先知名度很高的拥有几十万员工的汽车帝国，此时声誉极低。用艾科卡的话来说："它使人想起一只漏水的船，在波涛汹涌的洋面上下沉的形象。"有的报纸甚至发表议论，宣称"要让它庄严地死去"，希望克莱斯勒公司垮台。

然而，艾科卡毕竟是一个经历了屡次厄难的人，他具有常人所无法想象的挫折承受能力。他并没有被这种严峻的局面吓倒，也没有顾及旁人的冷嘲热讽，而是把自己的全部精力投入崭新的事业中——挽救克莱斯勒汽车公司。

艾科卡清醒地认识到，除了要大力整顿内部、开发新产品、提高工作效率外，最重要的是改变克莱斯勒公司及其产品的形象，因为克莱斯勒问题的症结之所在是一场严重的形象危机。但是这谈何容易。艾科卡戏称："我正在尝试移动一座大山。"由于公司得不到人们的信赖，所以连贷款的银行都找不到。为了改变消极形象，艾科卡在专家帮助下，进行精心的公共关系策划。策划的要点是，通过一言一行告诉人们，他领导的克莱斯勒公司是家全新的公司，和老牌的克莱斯勒公司完全不一样。

这便是理性的力量。受挫的强者不会沉溺于无谓的情感中，而是迅速地制订新的策略，寻找新的出路。挫折承受能力在很大程度上，是对失败的深刻反省、理性的分析和进取的激情，理性力量始终是崛起的根本动力。

艾科卡第一步是找到贷款。为此，他每天工作12-16小时，奔波于全美各地，四处演讲，尽可能让更多的公众了解他执政以来克莱斯勒公司的变化。另一方面，艾科卡以无可辩驳的事实，陈述克莱斯勒公司面临的灾难，并最终唤起国会议员的同情心。在投票表决时，参众两院终于以多数同意予以克莱斯勒公司15亿美元借款的保证。不过，国家保证是一回事，银行拿出钱又是一回事。艾科卡为最终拿到贷款又与400多家银行的头面人物进行艰难的斡旋。

有了资金，克莱斯勒就有了生存的希望。但艾科卡不仅仅限于挽救克莱斯勒于危难，而是要重振克莱斯勒之雄风。K型汽车的研制和问世，为艾科卡带来曙光。为了使公众了解克莱斯勒在艾科卡手上发生的变化，它制造出了美国真正需要的优质汽车，艾科卡委托凯尼恩·埃克哈特广告公司大搞宣传活动，以恢复公众对克莱斯勒汽车公司前途的信心。为了给公司形象及其产品增添色彩，他别出心裁，在克莱斯勒的所有广告上签上自己的名字，以告知公众一个新的纪元已经从艾科卡开始。

经过一番漫长而艰苦细致的工作，克莱斯勒汽车公司最终又跻身于世界汽车工业的强手之列。

克莱斯勒东山再起的生动事迹告诉我们：世界上没有永远的冬天，也没有永远的失败；在艰难和不幸的日子里，要保持斗志、信心和忍耐。情商是一种内在的素质、能力，而不是一试见效、立竿见影的灵丹妙药。情商的外在实现有赖于时间与失败的检验，**高情商的人也必然是一个能伸能屈、宠辱不惊的人**。挫折承受能力是情商的含金量最有效的证明。它不是告诉你某种转败为胜的诀窍，而是赋予你临危不惧、重振雄风的信心和勇气。这才是披荆斩棘、所向披靡的利器。拥有这一利器的人，必定能征服前进道路上的一切困难，到达成功的目的地。

温馨提示

美国作家海明威在其作品《老人与海》中借老渔夫之口说："人不是生来就要被打败的，你可以消灭他，但你不能打败他。"

三、高情商素质的培养：改写成功人生的方程式

既然我们已经撩开了情商神秘的面纱，认识到了情商对于青少年成才的重要，那么对青少年情商的培育与提高也就自然而然地摆在了我们面前。为此，我们需要掌握现代科学理论与方法，探索出情商培育的规律性，只有这样，才能浇灌出灿烂的情商之花，促使青少年早日成为21世纪的有用人才。

1. 培养积极的心态

心态是产生各种情绪的基础，青少年的心态积极与否是影响情商高低的决定性因素。积极的心态能激发出一个人的情感魅力，使他能自动控制和调节自己，积极上进，善交乐群，甚至能带动和影响他人。要培养积极的心态就要从以下几方面入手。

（1）控制自我意念

人的心态是可以自我控制的。**如果人们能控制并传送自我良好的心态意念，那么，人们就能不断地产生积极的正面结果，即使在成功可能性很小的情况下也能。**

人们都希望得到快乐、喜悦、兴奋，尽量躲避那些挫折、愤怒、烦恼、无聊的心态。但多数人采取的方式是打开电视看些喜欢的节目，从而使自己舒坦些，或者同友人一起吃顿饭，或者吸支烟，或者到室外活动一番。虽然这些方法对愉悦身心都有用，但却不能持久。当这些活动

一结束，人们的心态依旧。因此真正的积极心态之源泉，在于建立出一套自我心理模式，内心有一种良好的意念，而且对这种意念进行自我控制。

（2）要有积极愉快的好心情

假如有一天早上，你看到了你的一位朋友，对他说："你今天看起来脸色苍白，你一定是得病了！"另一个同事也对你这位朋友说："你的样子好可怕，你赶快去医院看看吧！"接着，又一个同事还对这位朋友说："你好像在发烧，精神很虚弱！"……接连几个同事都这么说，结果你这位朋友就真会生起病来。这种精神的力量十分强大，同样一句话，被人反复诉说以后，就会变成好像是真的一般。

有一独居的老妇人，近来常失眠，每天晚上都要服下一粒安眠药才能入睡。有一天晚上，这位老妇人敲开邻居的门说："很抱歉打扰你，我实在睡不着而且安眠药刚好吃光了，不知你家是否还有安眠药。"邻居马上回答说："我家正好有安眠药，请稍等，我马上给您拿。"于是邻居给了这位老妇人一粒大青豆。因为老妇人的视力不佳，晚上难以辨别青豆与安眠药。回到自己的房间后，老妇人心想："这是一粒特大的安眠药，效果肯定好。"这位老妇人马上服下这粒"药"，很快就入睡了，而且睡了她一生中最好的一觉。

一种心情和思想如果进入心中，就会盘踞成长。如果进入心中的是一颗消极的种子，就会生长出消极的果实；如果是一颗积极的种子，就会生长出积极的果实。所以，一个人应该天天都有积极愉快的好心情。

（3）每天清除思想垃圾

一个人每天都可能产生许多思想垃圾，诸如，只看到自己生命中的灰暗面，强调各种可能的困难，只看到周围的一些消极现象，从而使自己心灰意冷而产生消极心态。为了培养积极心态，每天必须清除这些思想垃圾，怀抱乐观，用笑脸看世界，用必胜信念看未来，内心就会激发一种强大动力。

（4）经常使用积极的自动提示语

积极心态的自动提示语有很多，例如：

· 相信自己能够做到，你就能做到；

· 我心里怎样思考，就会怎样去做；

· 在我生活的每个方面，一天比一天会更好；

· 现在就做，便能使梦变成事实；

· 我很健康，我很快乐，我觉得好得不得了；

· 别人的评价不能左右我的潜能；

· 超越缺陷就能发挥潜能；

· 我认为我行，我就行；

· 相信“能”的人就会赢。

如果人们经常使用这一类自我激励的语句，并融入自己的身心，就可以保持积极心态，抑制消极心态，形成高情商，最终获得人生的成功。

那些最能干的人，往往是那些在绝望的环境里，仍传送成功意念的人，他们不但鼓舞自己，而且也振奋别人，不达目的，决不休止。

2. 树立人生的自信心

信心能使一个人保持高昂的情绪，克服各种困难和挫折，一往直前，直至成功。拿破仑说过：“我的成功，是因为我志在成功。”一个人若没有自信心，成功也就当然与他无缘。信心会转化为一种“积极的感情”，从而激发人的潜意识释放出无穷的热情、精力和智慧，进而帮助人们获得巨大的财富与事业上的成就。因此，有人把“信心”比喻为“一个人心理的建筑工程师”。

青少年朋友如何培养自己的自信心呢？心理学专家认为应从以下几方面做起。

（1）利用穿着来振奋自己的精神并建立自信心

因为，得体的穿着会使你看起来很重要，使你觉得你真的很重要。人的外表与人的思想有着非常密切的关系。当兵的人都有这样一种感觉：当一个军人穿上军装的时候，就会真的感觉到自己是个军人。同样，当一个经理打扮得像一个经理时，就会觉得自己真的是个经理，因而表现了经理的派头与风度。一个人的仪表会对自己说话，也会对别人说话，它可以帮助别人决定对你的看法。从理论上来说，我们应当看重一个人的内在而不是外表，但事实是人们都是以你的外表、衣着来打量你。因为一个人的外表是别人认识你的第一项最简便的工具，而且这种印象会长久地持续下去，并且在许多方面影响别人以后对你的看法。衣冠楚楚者的仪表能告诉大家，这里站着一个精明能干、很有前途、而且能担当大任的人，值得受人器重和信任。相反，衣着邋遢的人其仪表好像在说：这里有个落魄的人，他不修边幅，毫无效率，是那种可有可无的小人物，他根本不值得重视。所以，如果你的打扮看起来好像低人一等，你真的就会低人一等；如果你认为你很渺小，你真的就会很渺小。因此，要使人人都看到你高雅得体的衣着，这样你的思想和行动才能高雅动人。

（2）行为端正才有自信

要建立自信，就要行为端正。因为“行事正当”，能使你的良知获得满足，因而建立自信。“行事出轨”会导致两种消极的结果，一是罪恶感会腐蚀我们的信心；二是别人迟早会发现而不再信任我们。心理学

④练习当众发言。那些沉默寡言的人通常会认为："我的意见可能没有价值，如果说出来别人可能会觉得很愚蠢可笑，我最好什么也不说。而且，其他人可能都比我知道得多，我还是不让他们知道我是这样无知。"这种人尽管思路敏锐，天资也很高，只是因为缺少信心而不能主动参与。这些人常对自己许下很渺茫的诺言："等下一次再发言。"可是他们很清楚自己是无法实现这个诺言的。于是，他就越来越丧失自信，从积极的角度来看，尽量积极主动发言，就会增加信心，下次也更容易发言。

⑤运用肯定的语气讲话。运用肯定还是否定的语气、措辞，可以将同一件事实形容成有如天壤之别的结果。因此有人说，讲话如何措辞，是任何天才都无法比拟的魔术师。在任何情况下，只要常用有价值的措辞或肯定的叙述法，则可以将同一个事实完全改观，自然也能驱除自卑，让人享受愉快的生活。

⑥用自信培养自信。当一个人缺乏自信时，应该做些充满自信的举动。缺乏自信时，与其对自己说没有自信，不如告诉自己是很有自信的。为了克服消极、否定的态度，我们应该试着采取积极肯定的态度。**自信应该像砌砖一样，一块块砌起来，堆砌自己对人生积极、肯定的态度。一次小的成就会为我们带来自信。如果一下就想做伟大、不平凡的事，就会越来越没有自信。**

⑦做自己能做的事。"当日事当日毕"。今天可以轻松做完的事情，如果留到第二天，第二天就会变得更累。做自己能做到的事，个性就会显现出来。每天都记下自己可以做的事，并马上加以实践。没有必要非是伟大、不平凡的行为才去做，只要是自己力所能及的事就足够了。若是想一步就能登天，那就永远找不到自己要做的事。

3. 学会调控自己的情绪

青少年朋友要学会调动自己积极的情绪，学会控制自己消极的情绪。只有能够成熟地调控自己情绪，你在未来的人生道路上才能走向成功。一句话，你能调动情绪，就能调动一切。

在法庭上，律师拿出一封信问美国资本家洛克菲勒："先生，你收到我寄给你的信了吗？你回信了吗？"

"收到了！"洛克菲勒回答他，"没有回信！"

律师又拿出二十几封信，一一地询问洛克菲勒，而洛克菲勒都以相同的表情，一一给予相同的回答。

律师控制不住自己的情绪，暴跳如雷并不断咒骂。

最后，法庭宣布洛克菲勒胜诉！因为律师情绪的失控让自己乱了章法。

无论学习还是生活中，面对不同的事情，不同的科目，有时候采用何种办法已不太重要，而调控好自己的情绪却至关重要。

青少年朋友应怎样调控自己的情绪呢？

要牢牢记住一点：行动紧紧围绕目标。对方想激怒你，你就要去想，此时发火对目标是否有利。若发火对目标的实现不利就不能发火。要合理对待眼前的苦与乐。

大多数人在做决定时，往往只考虑眼前而不顾未来，结果快乐没得着却得到痛苦。事实上，人世间一切有意义的事若想成功，那就必须忍受一时的痛苦，必须熬过眼前的恐惧和诱惑，按照自己的价值观和标准把目光放在未来。美国成功学大师安东尼·罗宾说过："我们若把目光只放在目前，那么未来就难以掌握。我们若想获得长久的快乐，那么就必须忍受暂时的痛苦。"就好像如果你想有一个健康的身体，那就得苦心锻炼，或许一开始你会觉得有些受不了，不过一段时间后你就会甘之如饴。

研究者曾进行了这样一个试验。让一群儿童依次走进一个空荡荡的房间，在房间最显著的位置研究者为每个孩子放了一颗软糖。测试老师对每一个孩子说：

“谁能坚持到老师回来时还没把这颗软糖吃掉的话，谁就可以得到另外一颗软糖作奖励。但是，如果老师没回来你就把糖吃掉的话，那么你们就只能得到这一颗。”

试验的结果发现，有些孩子缺乏控制能力，老师不在，又受不了糖的诱惑，就把糖吃掉了。另外一些孩子，则牢牢记住了老师的话，认为自己只要坚持一会儿，就可以得到两颗糖，于是，他们尽量克制自己。他们并非不爱吃糖，却努力地转移了自己的注意力，他们有的唱歌，有的蹦蹦跳跳，有的干脆离开座位到旁边去玩，坚持不看那颗软糖，一直等到老师回来。就这样，他们得到了奖励——第二颗软糖。

研究者把孩子分成两组：能够抵挡住诱惑、坚持下来得到两颗软糖的孩子和不能坚持下来只得到一颗软糖的孩子，并对他们进行了长期的跟踪调查。

结果发现，长大后的孩子，那些只得到一颗糖的孩子普遍没有得到两颗糖的孩子获得的成就大。

16世纪的法国思想家蒙田说过：“若结果是痛苦的话，我会竭力避开眼前的快乐；若结果是快乐的话，我会百般忍耐暂时的痛苦。”

4. 学会宽容地对待他人

人们生活在社会中，与他人交往离不开“宽容”二字。俄国作家屠格涅夫说：不会宽容别人的人，是不配受到别人宽容的，但是谁能说自己是不需要宽容的呢?人际关系的破裂，也往往是由于缺乏主动宽容他人、谅解他人的胸怀所致。

适度的宽容，对于改善人际关系和身心健康都是有益的。**只有宽容，才能愈合不愉快的创伤；只有宽容，才能消除人为的紧张。**在短暂的生命历程中，学会宽容，意味着你的生活更加快乐。

在学校里，孩子们都认为艾丽斯是一个严厉的老师，他们拘谨，胆怯，甚至不愿与她交谈。

艾丽斯自己也不愿造成这样的局面，其实她都是一片好心啊！为了让他们好好学习，艾丽斯对他们的要求很严格，谁有了错误，她都是毫不留情地给予批评，但效果并没有像她希望的那样，艾丽斯感觉自己就像一个垂头丧气的失败者，对自己的工作渐渐地缺乏了信心，生活也显得很沉闷。

如果我能少一点批评，多一点宽容呢？有一天，艾丽斯突然这样想。

于是她决定做一个实验。上午，她换了一套活泼鲜艳的衣服，来到学校时也没有忘记把自己脸上的微笑显现出来。走在通往教室的小路上，艾丽斯还在盘算着这个实验。

突然，从后面飞过来一个皮球重重地打在了她的后背上，吓了她一跳，她回过头来，学生迈克惶恐地从地上捡起球，吓傻了一般，站在她面前。

如果在以前，艾丽斯会狠狠地训斥他的，但是想到自己今天要做的实验，便耸耸肩，做了一个轻松的动作，迈克道了声对不起便跑开了。

在课堂上，艾丽斯没有挑剔学生们的坐姿是否端正，回答问题是否正确，注意力是否集中。一反常态，她甚至没有批评未按时交作业的捣蛋鬼保罗，只是笑着让他一定补上，一整天她都在用乐观宽容的心态与大家相处。

放学时，一向羞涩的琼对她说："老师，您今天真漂亮啊！"

艾丽斯感到，她从来没有像今天这样愉快和有信心，学生们似乎也可爱极了，他们回答问题反应更加敏捷，注意力也更加集中了。

她想这个试验是成功的，让她知道了一个生活中的道理：学会宽容。

人们常在自己脑子里预设了一道圈圈，如果有人越过这道圈圈，就会引起怨恨。其实，别人可能对你设置的规定置之不理，你去怨恨，不是很可笑吗？

大多数人都一直以为，只要不原谅对方，就可以让对方得到一些教训，也就是说：“只要我不原谅你，你就没有好日子过。”其实，倒霉的人是自己：一肚子窝囊气，甚至连觉也睡不好。

大量事实证明，过于苛求别人或苛求自己的人，必定处于紧张的心理状态之中。而一旦宽恕别人之后，心理上便会经过一次巨大的转变和净化过程，使人际关系出现新的转机，诸多忧愁烦闷可得以避免或消除。

温馨提示

当你觉得怨恨谁的时候，不妨闭上眼睛，体会一下你的这种感觉，你会发现，在心中怪罪别人，你也不会快乐。

宽容地对待你的敌人、仇家、对手，在非原则的问题上，以大局为重，你会得到退一步海阔天空的喜悦，化干戈为玉帛的喜悦，人与人之间相互理解的喜悦。

学会宽容，首先要对自己的宽容。只有对自己宽容的人，才有可能对别人也宽容。**人的烦恼一半源于自己，即所谓画地为牢、作茧自缚。**学习、生活就是对待自己的宽容。这种心境是生存的良好状态。

对他人宽容就是要做到能容人之短，又能容人之长。对才能超群者，也不嫉妒，唯求“青出于蓝而胜于蓝”，热心举贤，甘做人梯，这种精神将为世人称道。如果一语龃龉，便遭打击；一事唐突，便种下祸根；一个坏印象，便一辈子倒霉，这就说不上宽容，就会被称为心胸狭隘。

别人有些过失，要予以正视，并以适当的方法给予批评和帮助。自己有了过失，亦不必灰心丧气，一蹶不振，同样也应该宽容和接纳自己，并努力从中吸取教训，引以为戒，取人之长，补己之短，重新扬起工作和生活的风帆。

宽容，对人对己，都可成为一种无须投资便能获得的精神补品。**学会宽容不仅有益于身心健康，且对赢得友谊，保持朋友、同学之间和睦相处乃至学业有成都是必要的。**

学会宽容，需要自己吸收多方面的“营养”，需要自己时常把视线集中在完善自身的精神结构和心理素质上。

第四章

交际素质：影响人生事业的重要因子

作为一种社会动物，人人都需要交际。但人们一般都是从“感情需要”这个角度来认识交际的作用。在生活中，我们可以通过交往，获得友情。苦闷、烦恼时可以向朋友倾诉，伤心时，可获得朋友的安慰……事实上，在现代社会，交际的作用已远远超越了“感情需要”。交际意识、交际能力已成为现代人的重要素质，它甚至成为一个人能否干出一番事业、能否成功的关键。

美国心理学家罗伯特·凯利和珍妮特·卡普兰在著名的贝尔实验室里做过一项研究，说明了良好的交际能力的重要性。该实验室里的人员都是智商很高的工程师和科学家，但他们之中有的人出类拔萃，成就卓越，而有的人却碌碌无为。造成这一差别的原因就在于那些获得成就的人注重并善于交际，拥有自己庞大的交际网，他们可以随时从各个方面、各条渠道获得自己需要的信息或数据；而那些表现平庸的人则交际面很小，只是在需要时才打电话同别人联系。

交际素质是个人走向成功的桥梁。良好的人际关系能使人产生向前跃进和提升自我的力量。自古以来，许多成功人士都十分重视交际素质的培养。当然，作为青少年，我们的主要任务是学习，不可能也不宜花太多时间、精力用于交往，不过我们可以在正常的学习和生活中有意识地逐步培养和提高自己的交往能力，为今后走向社会打下基础，而不要封闭自己，“一心只读圣贤书，两耳不闻窗外事”。

一、交际是成才的必要支撑

一滴水只有放到大海里，才能永远不会干涸。一个人纵然是满腹经纶，才华横溢，其能力的实现也离不开一定的人际环境。其能力只有在一定的集体背景下才能凸现，集体的作用不仅如此，甚至还能在一定程度上对个体能力进行放大与倍增。**现代社会，分工细化，竞争酷烈，只有借助众人的力量，才能最大限度地实现自己的才能价值，创造精彩的人生。**要达到这一目的，则必须有成功的人际交往。

人际交往能够使人沟通信息、交流情感，协调人的行为、提高人际知觉准确性。

1. 一个好汉三个帮

俗话说：一个篱笆三个桩，一个好汉三个帮。一个人，即使是天才，也不可能样样精通。所以，人要成大业，就必须善于利用别人的智力、能力和才干。唐太宗如果没有杜如晦、房玄龄等人的辅佐，恐怕也很难有千古称颂的“明君贤相”黄金搭档和“贞观之治”了。特别是现代社会，随着社会分工的日益细化，各种作业的日益复杂化，人与人之间的相互依存度不断提高，许多作业都需要各类人才，各种力量通力合作。一部精品电影往往是演员、导演、编剧、制片、摄影、音乐、化妆、灯光以及舞台后勤等各路人才成功大合唱的杰作，缺一不可。因此，一定要搞好人际关系，尤其要重视伙伴互补性工作对自己实现才能的价值，做到善假于物。

友谊是意志和毅力的助长剂，是自我情绪的稳定器。在严酷条件下，从事艰苦卓绝的工作，尤其需要友谊的助力。马克思的杰出工作无疑离不开恩格斯的物质支持与精神鼓励。居里夫人和丈夫与其说是一对恩爱夫妻，不如说是志同道合的好朋友；与其说是其丈夫无私的爱，毋宁说是那真诚的友谊促成居里夫人的伟大成就。

拥有良好人际关系的青少年，能获得社会的一致好评。每个青少年都有获得社会尊重的需要。因此，社会评价对我们的心理与观念产生重要影响，它会影响我们的情绪、兴趣、价值取向，甚至会动摇我们的信念和自我评价，因此，其对能力的影响是不言而喻的。积极的社会评价往往给我们以力量和热情，使我们信心百倍，产生无可估量的激励效应。不仅如此，社会一致好评的青少年，别人会更容易向他伸出“援助之手”，来支持他、帮助他。

温馨提示

良好的人际关系，能促进友谊的加深。友谊是阳光、友谊是甘露。青少年在走向未来成功的道路上需要友谊的滋润。

2. 人际交往对个体的发展影响甚大

从人生发展的角度识人际交往对青少年个体成长发展的影响，有助于对青少年的交往活动给予正确的指导和帮助。

（1）交往活动影响着青少年社会化的进程

人的社会化只有在人际交往中才能得以进行和实现。随着人的成长，交往的范围不断扩大，交往的内容逐步深化，交往的形式日趋多样。**青少年的交往性质和交际水平，直接影响着他们社会化的水平。**

（2）交往活动是促进青少年认识自我的基本途径

人对自己的认识总是以他人为镜，需要通过与他人进行比较，把自己的形象反射出来而加以认识。青少年在交往过程中，往往以同龄人为参照系，吸取更多的信息，更清楚地确定自我形象。

（3）交往活动是青少年个性发展和完善的条件

人的个性除受先天遗传因素影响外，更重要的是后天环境的影响，长期生活在友好和睦的人际关系中，就会乐观、开朗、积极、主动。青少年时期是人的个性定型时期，积极的社会交往，有助于个性的发展和优化。

（4）交往活动是青少年保持心理平衡的有效方式

人际交往的时间和空间越大，人的精神生活就越丰富，得到支持与帮助的机会就越多，就越能保持心理平衡；而交往得不到满足时，人的情绪就低落，心理失衡得不到调整，就容易导致身心疾病。

“朋友多了路好走”，“干杯吧，朋友”，“朋友一生一起走，那些日子不再有”，多少朋友之歌，唱出了人世间交际的重要性，唱出了广大青少年渴望多些交际活动的心声。

3. 人生的成才离不开交际

“一个不肯助人的人，他必然会在有生之年遭遇到大困难，并且大大伤害到其他人。”一位哲人如是说。是的，人是不可能脱离周围这个世界的。每个人的衣食住行、工作娱乐，无不与别人存在着千丝万缕的联系；一言一行，一举一动，无不对别人产生或大或小的影响。我们必须认识到“我为人人，人人为我”，人与人“相互支撑”是社会生活的法则，每个人都应学会助人，乐于助人。如果你撑一把伞给我，我撑一把伞给你，我们就能共同撑起一个完整而和谐的世界。

帮助别人，从本质上看是一种付出和奉献，但从效果上看，**你在帮助别人的同时也获得了自身人格的提升**。况且，有些人因为帮助别人，甚至还得到了意想不到的回报。

香港“景泰蓝大王”陈玉书曾言及他创业初期在一公园漫步时，偶尔碰见一女士和她的孩子在玩荡秋千。由于此女士身单力薄，玩得十分吃力。于是陈先生主动上前帮忙，使她们玩得很开心。临走时此女士留给陈先生一张名片，说以后若需帮助可以找她。原来此女士竟是某国大使夫人。后来陈先生通过此女士弄到了一张一批运往香港的货物的签发证，从中赚了一大笔钱，由此成为他事业的一个起点。

由此可见，帮助别人，往往也是帮助自己。生活的哲理是：**有付出，必有收获；你帮助的人越多，困难时你得到的回报也就越多。**纵观那些各行各业的成功人士，无不是乐于助人、善于帮助他人的人。

著名成功学专家卡耐基认为：一个人事业上的成功，另外的85%要靠人际关系即与人相处和合作的品德与能力，只有15%是基于他的专业技术。因为每个人都是社会的人，是社会这强大网上的一个结，每个人都与他人有着挣不脱的联系。任何一种事业的成功都不纯粹是自我的，它必定要与他人产生关系。如果把成功的希望框定在自我区限内，成功之树将永远不会枝叶茂盛，茁壮成长。

在时下的青少年中间，有一种刻板的成功者形象，即普遍认为成功者，特别是文化科学方面的成功者大多是性格孤僻、性情乖戾、独来独往、不谙人情世故的人。其实，这是片面的。许多文坛或科坛泰斗不仅合群，提倡合作精神，而且性格爽朗、幽默、生活富有情调，如爱因斯坦、卓别林和林语堂等等。

之所以在青少年中间会有成功者孤独、乖戾的印象，大抵是读名人传记或名人采访之故。其实，这是许多作者为了刻意强调名人的性格特点，如独立不群、愤世嫉俗，以及渲染成功的艰辛所采用的“特写镜头”。但这种手法却不经意地给年轻人铸成了成功者的“刻板印象”，给年轻人的仿效提供了源源不断的心理动力，也使他们离成功的现实越走越远。

毛泽东和周恩来等一代伟人，无一不是善与他人合作共事者。就他们各自的智慧来说，无疑是上乘的。但倘若他们当初是单打独斗，那么，可以肯定地说，便没有日后万众拥戴的凝聚力。

当然，合群并不是媚俗，压抑自己的个性，也不是无所选择，随波逐流，人云亦云，完全受制于从众心理。孤独是追求事业成功过程中的必然精神状态，它能使你潜心塑造你个人所必需的专业素质。此时的孤独，如世俗偏见，流言蜚语，无人理解，无人尊重，无人欣赏乃至似乎被社会遗弃等等都是正常的。

在现实中，有不少人容易将孤独固执为一种性格特征。甚至演化为孤傲、孤僻和孤行等自我中心主义倾向，给自己设置一道成功路上的鸿沟障碍。虽说“古今圣贤皆寂寞，没有豪杰不孤独”，但这寂寞，这孤独，主要指的是个体独自修炼和工作时一种专注的精神状态，绝非是真正圣贤豪杰们的全部写实。

温馨提示

一个人如果要追求社会意义上的成功，不仅要习惯于孤独，亦要学会走出孤独。

4. 人际交往为人生提供发展的机遇

机遇是人皆共求的极品，是一个人实现其才能的前提。古今中外，有数不清的“怀才不遇”之哀。不遇什么？通常的理解是遇不上伯乐、“明主”，其实最本质的应是机遇。所谓“天赐良机”，良机自有天赐的成分，但更重要的是要靠自己去寻找与捕捉。良好的人际关系会使我们的信息渠道畅通，甚至能由此带来千载难逢、价值无限的好机遇，使我们尽情施展才能，获得成功。

香港首任特首董建华从成功地力挽其父业于既倒，到步入政坛，成为香港政坛的头号人物，这其中有许多常人难以苛求的机遇，但这些机遇的来临恐怕与他那温和、谦卑、低姿态的性格与由此带来的良好人际关系不无关系。董建华的最大支持者霍英东先生不仅是其父董浩云的好友，更是董建华的忘年交，在董建华东山再起到成为香港政坛新星的过程中，霍英东先生不仅给过他许多经济上的帮助，更重要的是提供了许多重要的机遇。

在当前的信息时代，信息是成功的要素，信息更是打开机遇之门的金钥匙。而人际环境本身就是信息的集散地，和谐的人际关系总是机遇的天使。

5. 人际交往能力的构成要素

善于人际交往、容易与别人建立良好人际关系的人不一定都能取得成功；但成功的人一定是与他人建立良好人际关系的专家。在人际交往中，有些人常常可以给别人留下良好的印象，但却不能与人建立稳定和满意的亲密关系，说一套做一套，公开场合一副面孔，私下又一副面孔。**而实际上最理想的情况应该是在保持真我或自我与社交技巧之间取得平衡，**即无论交往的结果怎样，都能坚持自己内心感受、信念、价值观的一致性，甚至可以为此而断绝与某人的交往。

那么决定人际交往能力的要素是什么呢?一般认为，人际交往的能力由这四方面的要素组成：

（1）组织能力

组织能力包括对群体的动员和协调能力。具备这种能力的人往往容易成为戏剧或电影的导演、军队的指挥官、机构的领导或公司的老板等等；游戏中的领头者、学校大型活动的组织者也常常表现出这种能力。

（2）协调能力

协调能力包括仲裁和排解纷争等方面的能力。具有这种能力的人适合于做外交、律师、公证、司法、人事等方面的工作，经常为同伴排除纷争和冲突的青少年往往表现这方面的才能。

温馨提示

人际交往能力是建立在情绪能力的基础上的，它常常表现为一个人是否善于控制自己的情感表达，能否准确分辨和把握他人的情感，并且及时调节自己的行为以实现原有的目标。

（3）人际联系能力

人际联系能力表现为对人具有同情心，懂得与人交往的技巧，容易结识他人，善解人意，愿意与大家合作，对伴侣、朋友和事业上的伙伴非常忠诚。具备这种能力的人往往容易在销售、管理、教育、社工等行业取得成就，与同伴和睦相处的青少年也容易发展这种能力。

（4）情绪分析能力

情绪分析能力表现在善于体验他人的情绪动机与想法，察微见著，易与他人建立深刻的亲密关系，深谙他人的内心世界。心理学家、著名的文学家、小说家或剧作家等都具有较高的情绪分析能力。

实际上，人际交往的调控力还应该包括有没有学会建立人际关系的技巧，是否找到形成这种关系的途径和方法，是否善于运用人际关系来开展工作，能否利用人际环境来培养自己较高的人际交往的能力，等等。

6. 青少年人际关系的特点

青少年正处于青春期，即从少年期向成人期的过渡阶段。在此阶段，青少年身心发展的特征决定了他们人际关系的特点。

（1）人际关系的兴趣性

兴趣爱好是青少年人际交往的重要前提条件。青少年学生有强烈的结群需要，因此，特别喜欢交往，但他们交往的中心内容是在兴趣爱好上获得同伴的理解、支持和合作，这是他们建立友谊的重要基础，也是发展人际关系的取向。这与成人的人际关系有所不同，成人的人际关系中虽然也有一定的兴趣爱好因素，但已不再是人际交往的中心。成人人际交往的取向是以生活、事业等为中心内容。因此，**青少年的兴趣爱好不仅决定其人际交往的取向，而且起着维系人际关系的作用。**

（2）人际关系的情绪性

情感因素在人际关系中起主导作用。但是在成人的人际交往中，情感的影响要受理性认识的调节和控制，成人会依据一定的利害关系及生活和事业的需要，与自己并不喜欢的人进行正常的人际交往。而青少年学生则完全受情感因素的支配，凭借个人的好恶来选择交往对象。在人际交往中，青少年的情绪性表现十分明显，对人的好恶表情化，把个人的心境和情绪表现不加控制地带入与人交往之中，因而也容易导致人际关系的混乱。

为了防止紧张人际关系的出现，青少年要特别注意克服人际交往中感情用事的问题，学会用理智控制自己的情绪。

（3）人际关系的自我性

人际交往是个体内在发展的一种需要，即通过与他人的交往，获得对社会的认识，形成对社会的适应能力。青少年由于社会认识的局限性，在人际交往中，往往把满足自我发展需要带入了交往的每一个过程和细节，以自我为中心，不考虑他人的得失，因而容易导致人际关系紧张，使自己陷入孤立的境地。为了防止这种孤立局面的出现，青少年在人际交往中必须克服自我性，学会替别人着想，考虑他人的得失。

（4）人际关系具有矛盾性

青少年正处于充满内心矛盾、动荡不定的年龄阶段，自尊自立的需求使他们与成人的关系日趋疏远，而与同龄人的关系则逐渐密切。但他们的年龄特征、身份、能力又使他们摆脱不了对成人的依赖关系，因此，常常会出现与父母师长的关系紧张。为了防止出现这种被动的人际关系，**青少年应努力学会把这种矛盾关系转化为交往的动力，通过积极的交往，发展自己的独立性，正确处理与成人的关系，尽量综合不同代人之间的鸿沟。**

二、交际使自我更加完美

马克思曾经说过，交往是人类的必然伴侣。交往使人类产生了语言，发展了思维，启迪了智慧；交往使人们结成了一定的关系，共同从事物质生产与交流，推动了生产力的发展；交往使人与人之间，群体与群体之间相互认识、理解、合作，推动了社会的进步。人的一生几乎都是在与他人的交往中度过的，交往使人积累知识，掌握技能，建树功业。积极的人际交往有助于人的个性形成和社会适应；消极的人际交往则会导致心理冲突，人格变异，阻碍社会适应，影响人格发展。

青少年是自然的人，也是社会的人，正在和将要与社会建立各种各样的关系。青少年要交往就要具有社会交往的知识和能力，才能有利于自己的进步与发展，才能在未来的社会中更好地施展自己的才干。

千姿百态的人，表现为千姿百态的“交际形象”，青少年应通过社会交往的活动，锻炼塑造一个更加完美的自我形象。

1.人际交往的基本原则

人际交往能力是现代人才必备的重要素质之一，是衡量一个人能否适应社会的重要标志。因此，青少年必须了解人际交往的基本原则，以及成功交往的方法与艺术。

人际交往是人与人之间的相互作用，为了使自己的交往行为引起交往对象良好的反应，引发积极交往的行为，在交往中应遵守一定的原则。

（1）真诚原则

以诚待人是人际交往得以延续和深化的保证。**在交往中，只有彼此抱着心诚意善的动机和态度，才能相互理解、接纳、信任，才能在感情上引起共鸣，使交往关系得到巩固和发展。**那种“逢人只说三分话，不可全抛一片心”的交往信条，常常侵蚀着健康的交往关系。

（2）尊重原则

尊重包括自尊和尊重他人。自尊就是在各种场合自重自爱，维护自己的人格；尊重他人就是重视他人的人格、习惯与价值，承认人际交往中交往双方的平等地位。尽管由于主客观因素的影响，人在气质、性格、能力、知识等方面存在差异，但在人格上是平等的，只有尊重他人才能得到他人的尊重。

（3）宽容原则

宽容表现在对非原则性问题不斤斤计较，能够以德报怨。在人际交往中，人与人由于经历、文化、修养等差异的存在，因误会、不理解而产生矛盾是不可避免的，这就要求每个人遵循宽容的原则，宽以待人，求同存异。宽容有助于扩大交往空间，也有助于消除人际间的紧张和矛盾。

（4）互助原则

互助表现在交往的双方相互关心、相互帮助、相互支持，既满足了双方各自的需要，又促进了相互间的联系，深化了感情。

温馨提示

一个人要想在现代社会生活中有所作为，就必须努力培养自己社会交往的能力，掌握交往的主动权。

2. 青少年健康人际关系心理的培养

健康的人际关系心理是发展人际关系的基础。

（1）培养良好的自我意识

自我意识是个体对自己各种身心状况的意识，包括自我认识、自我体验和自我控制三种心理成分。自我意识是个性结构的重要组成部分，是个性结构中的自我调节系统。青少年的自我意识正处于成熟化的时期，发展迅速，如何正确认识自我、评价自我，并在与人的交往中控制自我，具有十分重要的意义。

自我认识包括自我认知和自我评价。一方面，主体要分清我是谁，把自己从客体中区分出来，明确我与物、我与非我的关系；另一方面，**主体要评价自己怎么样，从而在自己的心中建立一个自我形象**。这种认识是通过与他人的比较而逐步发展起来的，由于青少年正处于发展时期，身心内部存在各种矛盾，缺乏社会生活经验和系统完善的评价标准，在社会比较中形成的自我认识常常会出现偏差，造成对自我评价过高或过低的现象。这种认识的偏差，进一步影响到自我体验，容易导致骄傲自满或自卑的心理体验，导致在人际交往中失去对自己的控制，造成人际关系中的心理障碍。

青少年要培养良好的自我意识，首先必须学会正确地认识自我，客观地评价自己。以周围先进人物为榜样，发现自己的优点，克服自己的不足。其次，要学会积极悦纳自己。青少年在发展过程中，总会有各种不足，特别是在生理和心理方面有缺陷的学生，他们常常会对自己不满意。如果这种不满意变成对自己的否定，甚至自暴自弃，就会造成心理障碍。

温馨提示

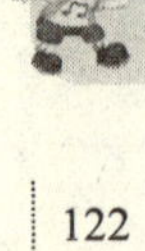

为了发展良好的人际关系，青少年需要培养健康的人际关系心理，克服人际障碍。

（2）运用科学的心理训练方法

青少年人际关系中的心理障碍，具有一定的普遍性，其成因是多方面的。要克服交往中的心理障碍，青少年就必须在日常学习和生活实践中，运用科学的心理训练方法，有计划、有步骤地进行训练。

①优化性格，纠正孤僻心理。性格是影响人际关系的内部因素，许多社交心理障碍都与性格有关，孤僻心理尤其突出。孤僻者在性格上一般内向、固执、喜欢独处，不善于听取别人的意见，我行我素。优化性格是改变孤僻心理的关键。优化性格的途径和方法很多，其中最具实践意义的是多参加正当、良好的交往活动，在活动中逐步培养自己开朗的性格，敢于并善于与别人交往，虚心听取别人的意见。同时要培养与他人交朋友的愿望，要树立扔掉孤僻心理的信心。这样每一个人都会给予热情的帮助，每次交往都会有所收获，逐步发展良好的性格，成为善于和乐于交往的人。

②树立信心，克服自卑心理。青少年的自信心是其成功和成才不可缺少的心理品质。但青少年的自信心还十分脆弱，特别需要给予及时的保护和经常性的培养。青少年培养自信心，最有效的方法和途径是为自己创造一定的条件，多感受成功的体验，尽可能避免人为的各种失败刺激，不断发现自己的长处，肯定自己的成绩，学会正确地和别人比较。

③稳定情绪，克服交往中的冲动。稳定情绪对有交往心理障碍者来说是十分重要的。凡有交往心理障碍的青少年，遇事往往性急心慌，不能理智地控制自己的冲动，使心理上处于某种应激状态。这就需要学会使自己的心理情绪稳定下来，做到冷静、从容不迫、较为得体地处理所面对的人际交往场合，而不至于由于性急心慌而失态。为缓和社会交往中的紧张心理，青少年还应学会控制自己，特别是在大的社交场合，应时时提醒自己要镇静，把周围的一切都忘掉，把他人当作与自己熟悉而又地位平等的人去对待，逐步养成在交往中的稳定情绪状态。

（3）积极参加有益的集体活动

青少年的社交心理障碍，一般情况会随着社会化程度的提高而逐渐减少或者消失。健康的交往心理是在正常有益的社交活动中逐步培养和发展起来的。集体活动、集体生活对青少年的交往心理具有重大影响。**集体活动有利于广交朋友、互通信息、沟通感情、开阔视野、扩大生活范围、增进人际间的相互了解，能有效地打破封闭型的生活模式。**另一方面，集体活动对于青少年获得社交技术，提高对社交方面的心理适应能力，都有良好的作用。同时，集体活动对愉悦身心、丰富精神生活等，都是十分有益的。

3. 扫除人际交往中常见的心理障碍

每个人都希望自己能够拥有良好的人际关系，能够在良好的心理氛围中愉快地生活、学习和工作，获得他人的理解、支持和帮助。但现实生活是十分复杂的，蕴涵着许多变化和矛盾，个人的需要不可能都会得到满足。无论什么原因，个人的需要只要得不到满足，就往往会使主体产生一定的不愉快体验，这种体验作为一种情绪影响着人际交往。

下面介绍几种青少年人际关系中常见的心理障碍。认识它，可以扫除成长路上的障碍。

（1）自我中心

自我中心是人的一种个性特征，表现为为人处世以自己的兴趣需要为中心，只关心自己的得失，而不考虑别人的利益；不体谅环境条件和他人的处境，完全从自己的角度，按自己的经验去认识和解决问题；似乎自己的认识和态度就是别人理所应当的认识和态度。这种人很少关心别人，与他人的关系比较疏远，不能和谐相处；固执己见，不容易改变自己的态度，盲目地坚持自己的意见。**自我中心是一种不健康的人格特征，是个体在身心发展过程中，自我意识畸形发展的结果。**自我中心者常在人际交往中自讨没趣，使自身处于尴尬孤立的境地，是人际交往中常见的心理障碍。

青少年的年龄特征，心理成熟水平决定了他们的人际关系处于多事的季节，是人际关系紧张及心理障碍的多发期。

青少年时期是生理和心理急剧变化的时期，也是自我意识发生突变的时期。如果青少年形成了自我中心的个性特征，就会严重妨碍与他人的正常交往，导致自我封闭。长期的自我封闭，造成孤立无援，缺乏与他人的交往，会使人变得孤独退缩，成为自卑的人。

（2）自卑心理

自卑是个体由于某些生理或心理缺陷或其他原因而产生的轻视自己、过低评价自己的一种心理体验。在交往活动中的表现就是缺乏自信。自卑者不能正视自己，悦纳自己，实质是对自我的一种否定。他们常以想象失败的体验给自己一些消极的暗示。自卑是影响交往的严重心理障碍，它直接阻碍了一个人走向群体，去与他人交往。

形成自卑的原因是复杂的。从内容上看，是由于自我认识不足和过低的期望。自卑者在认识自己时，通常都是建立在不正确的社会比较上，他们总是习惯于拿自己的短处去与别人的长处相比，结果必然是越比越不如别人，越比越泄气，越没信心，自卑心理自然就会钻出来作祟。自卑者在活动中对自己的期望也过低，在开始活动前，他们就开始了“我不会成功”，“我做不好”，“我的能力太低”等消极的自我暗示，导致他们不相信自我能力，抑制了能力的正常发挥，使活动常常失败。而失败的结果又进一步强化了对自我的认识，这使得他们将自己的交往范围局限在旧有的圈子内，不敢涉足新的交往环境，使交往水平得不到提高，又进一步降低对自己能力的评价，形成恶性循环。

从外因上看，生活环境的影响和挫折的经历是产生自卑心理的主要原因。人的交往活动很需要积极的反馈和成功的经验，它有利于自我肯定和自信心的建立。

温馨提示

如果一个人在交往中屡战屡败，得到的总是消极的反馈，缺乏肯定和鼓励，特别是在交往中受到冷淡和嘲笑，那么人的自尊心就会受到伤害，逐步导致自卑心理的形成。

（3）害羞心理

所谓的害羞是指一个人过多地约束自己的言行，以至无法充分表达自己的思想感情，阻碍了正常的心理交往。具有害羞心理的青少年，往往很难适应正常的人际交往，他们一见到陌生人就面红耳赤，非常拘谨，感到不自在。

害羞与人的个性特征、社会认识和经历有着密切关系。从个性特征上看，先天性的气质类型，如抑郁质类型的人往往说话细声细气，见到生人爱脸红，做事胆怯，思虑过重，很容易导致害羞心理的发生。从社会认识上看，当一个人过分注意自我的社会形象时，就会对自己的言行过分拘束，生怕自己言行失态而招致别人的耻笑，阻碍了自己与他人的接触与联系，这种人在公开场合缺乏主动精神，在与人的交往中处处陷于被动，遇到困难也不敢求助于别人，导致害羞心理的发生。

（4）忌妒心理

每个人都有获得成功的需要，这种需要推动人努力去超越别人。这是社会化发展的重要动力。当无望获得成功和不能超越别人时，有些人就会产生一种羞愧、愤怒、怨恨等复杂的情感体验，这就是忌妒。人一旦产生强烈的忌妒心理，人际关系就会出现障碍。青少年不同程度地存在忌妒心理，会影响人际关系的建立，严重时甚至会导致偏离行为或犯罪。

青少年忌妒心理的产生主要在于他们对个体发展的认识不足，不能从长远发展的角度看待自己与别人的成就关系，只注重眼前的利益，过分看重近期效应。这时，他们过激的言行导致与被忌妒者及旁观者产生巨大的心理距离，从而造成人际关系的紧张。

（5）孤僻心理

一个健康发展的人，无论在哪个年龄阶段，都有与人亲近、交往和结群的需要。然而在现实生活中，却似乎更有些“超俗”者，他们不随和，不合群，不喜欢与人交往，这就是孤僻了。青少年时期，是心理向成熟化发展的过渡时期，孤僻心理会使青少年远离同伴，远离人群，缺少朋友的关心、理解和支持，对青少年的身心发展和社会化过程都会有十分不利的影响。

青少年孤僻心理的主要表现为：

①清高。他们往往孤芳自赏，自视清高，“众人皆浊我独清”，别人都是低级庸俗、浅薄无聊的，不值得交往。在与人交往中傲慢无礼，表现出没有修养，别人难与之相处。这种状态如果持续久了，就会造成人际关系冷淡、紧张。

②敏感多疑。有些性格内向的人，内心体验深刻，敏感多疑，对别人的友谊、帮助和关心常持怀疑态度，于是甘于寂寞，凡事宁可藏于心底，也不愿与人交流。久而久之，同样会与人群疏远，造成孤僻。在青少年人际关系中，有孤僻心理的青少年大多数与生活经历有关。许多这样的青少年都经历过心灵的创伤，而其中以不完全家庭和不和谐家庭的影响最大。父母离异对子女心灵的伤害，家庭不和睦给孩子造成的心理压力，使青少年过早地接受了烦恼、郁闷、焦虑和不安等不良体验，逐渐形成了孤僻心理。

③封闭心理。部分青少年在进入青春期以后，会出现与父母、师长

疏远现象，表现为把自己的真实思想、情感、欲望掩饰起来，试图与世隔绝。严重者对任何人都不信任，怀有很深的戒备心态，隔断了与他人的心理交往，形成封闭心理。处在封闭心理状态的青少年，不爱、也不敢与人交往，对别人总抱有戒备心态，同时又抱怨别人不理解自己，由于缺乏与人的真诚交流，缺少朋友和友谊，内心的矛盾得不到解决，就会产生心理上的自我封闭。

温馨提示

缺乏自信是一个人产生封闭心理的一个重要原因。因为自卑便不敢与人交往，于是形成自我封闭。这一点与害羞心理的成因一致，只是害羞是被动的倾向，封闭则是主动的倾向。

青少年人际关系中常见的心理障碍主要有上述几个方面。这些交往中的心理障碍虽然不会全部集中于每个青少年的身上，但其发生率仍然很高，是困扰青少年身心发展的一个重要因素。这些心理障碍对青少年的心理成熟、身心健康和社会化水平影响很大，必须给以足够的重视和积极的引导，使他们尽早及时克服不良心态的影响，建立稳定和谐的人际关系。

4. 胸怀宽广，摆脱嫉妒

嫉妒一般发生在具有竞争性的人群之间，嫉妒主体同被妒的对象在年龄、文化、才能、地位、职务等方面大体相当。嫉妒的内容也很广泛：别人政治上进步、别人学习上冒尖、别人的专长、别人社交上的活跃、别人仪表的出众等都可能成为嫉妒的对象。

古今中外的哲人明师，对嫉妒给予了无情的鞭挞。意大利文艺复兴的先驱但丁说它是“灾星”，英国哲学家培根说它是“恶魔.，我国诗人艾青说它是“心灵上的肿瘤”。

伟大作家鲁迅先生对于嫉贤妒能者的卑劣行径深恶痛绝，斥之为“蛀虫”、“小人”。他把好嫉妒的人比作矮小的侏儒，总是瞪着不示弱的眼睛，千方百计地把别人也拉矮，同他们穿同一号码的裤子。他痛心疾首地叹道：可惜偌大的中国，多少志士仁人竟败在嫉贤妒能者手里。

嫉妒，是一种被扭曲的心理，其危害性不可低估。隋朝有个大臣叫薛道衡，因写的诗句比隋炀帝好，终被隋炀帝找借口杀掉了。北宋文豪苏东坡因才华出众而“小瞧”丞相王安石，误改了他的诗，最后也被贬职到黄州城。

从心理学的角度看，嫉妒是一种病态的心理，是一种有害的情绪，也是一种自私的表现。它对友谊的危害是不言而喻的，我们应当克服它、摆脱它。

摆脱嫉妒的方法是见贤思齐、变压力为动力，把嫉妒变成竞赛。朋友的长处对自己是一种挑战，那又何妨，自己也总有长处，对朋友不也是挑战吗?朋友超过了自己，对自己形成了压力，自己应该欢迎这种挑战，积极应战，在竞赛中赶超，在较量中相互促进。**彼此接受对方的挑战，并把它视为向上的力量。真正的友谊就应该如此。**

三、建立协调的人际关系

人际关系是社会生活中人与人之间的直接交往关系，它是在人们相互交往的基础上形成的。人际关系就好比人们心理上的纽带和桥梁，显示着人与人之间心理上的距离，它是一种复杂的社会现象，主要由三种心理因素构成：认知、情感和行为。认知是人际关系的前提条件，表现为人与人之间是相互肯定还是否定；情感是人际关系的主要调节因素，表现为人与人之间是相互喜欢还是厌恶；行为是人际关系的交往手段，表现为人与人之间是相互接近还是分离。人际关系错综复杂，从交往的主体看，有个体与个体之间的关系，如同学关系、亲子关系；有个体与群体之间的关系，如个人与家庭、个人与集体的关系；有群体与群体之间的关系，如班级之间的关系、厂校之间的关系等。

人际关系不仅影响着青少年的学习、生活及其身心发展，而且对青少年步入社会、适应社会也具有深远的影响。因此，学习人际关系的理论，掌握人际关系的知识，锻炼处理人际关系的能力，调整自己的行为和态度，主动积极地与人交往，建立协调的人际关系，对于青少年的健康成长是十分重要的。

1. 给人以良好的第一印象

与人交往的过程中迈好第一步是至关重要的。第一印象将长远地影响人与人之间的关系。

在与人初次交往的过程中，懂得礼仪，学会一些人际交往的技巧，是建立良好的第一印象的前提。中国历来在交友待客方面都主张“诚”与“敬”。正如孔子所说：“上交不谄，下交不渎。”也就是说在交友的过程中既不低声下气，也不高傲、怠慢。《礼记》中说：“不失足于人，不失色于人，不失口于人。”意思是说，在交友的过程中，要注意自己的态度、言论和行为，以免出现错误。

此外，要建立良好的人际关系，学会人际交往的技巧也很重要。心理学家通过大量的研究，总结出了在人际交往中表现自己的“SOLER”技术，在这里S代表“坐要面对别人”；O表示“姿势要自然开放”；L的意思为身体“微微前倾”；E代表“目光接触”；R表示“放松”。心理学家研究发现，如果我们有意识地在社交场合运用“SOLER”技术，改变许多不适当的自我表现，可以有效地增加别人对我们的好感，增强别人对我们的接纳，并给人以良好的第一印象。

温馨提示

青少年与人初识要态度诚恳，尊敬对方，注意言行举止，不可放任自己，随随便便。这样才能给对方留下好的第一印象。

著名的心理学家卡耐基在其名著《怎样赢得朋友，怎样影响别人》一书中，根据自己大量的成功经验，总结了给人留下良好印象的6条秘诀：

· 真诚地对别人感兴趣；

· 微笑；

· 多提别人的名字；

· 做一个耐心的倾听者，鼓励别人谈他自己；

· 谈符合别人兴趣的话题；

· 以真诚的方式让别人感到他很重要。

卡耐基曾经以他的经验帮助许多人成功地改善了人际关系，并使他们获得了事业的成功。

2. 培养自己的合群意识

人是具有社会性的，人们生活的方方面面都离不开与他人的联系，心理的健康发展同样离不开群体的影响。特别是青少年，他们只有在群体中才能感受到快乐。因为当青少年融入群体之中的时候，不但能得到心理上的满足和平衡，其困惑和痛苦通过与人交流也会得到化解。因此说，青少年只有融入群体，才能自觉地调整自己的行为去适应社会的需要，才有更多的机会去学会生活、享受快乐。可是，不幸的是，许多青少年由于生活的限制和学习的压力，失去了与同龄人交往的机会，合群的需要无法得到满足，久而久之造成心理上的孤独与寂寞，产生许多心理问题。

因此，青少年一定要注意培养自己的合群意识。所谓合群，不仅仅是指和众多的人在一起，更重要的是能适应群体，**把自己有机地和群体结合起来，被群体中的人认可和欢迎，在群体中得到快乐。**合群更多地表现为青少年的一种主动的行为。

青少年培养自己的合群意识要做到以下三点。

（1）要树立集体观念

青少年要懂得个人的行为应该符合社会的准则。群体活动是一个大课堂，青少年要积极参与各种群体活动，在群体中树立集体观念。“找人替做值日”、“为不参加春游谎称病假”，这些行为实际上人为地拉大了自己与集体之间的距离，不利于合群意识的培养，给自己的身心发展造成不良影响，势必会为将来的发展留下隐患，深深害了自己。

（2）在与他人的磨合中锻炼

有的青少年认为只要成绩好就行了，别人的事不用管。这是目光短浅的表现，没有看到健康成长的大局。青少年担心和他人交往会“上当”、“受欺负”，其实这些担心是不必要的，挫折有时也是一种学习的机会，我们在和同伴的磨合中更容易自觉地调整自己的行为，更能学会适应。很多时候老师、家长会告诉我们“应该怎样做”和“不能怎样做”，但是这和自己亲身体验到的东西是有所不同的，我们只有在与他人交往的具体活动中才能更好地掌握这些技能，才有利于同他人共处合作。

（3）多接触社会

要为自己多创造条件接触社会。比如去参观、游览、看球赛、参加公益活动等，使自己多感受一些生活中蕴涵的内容，用心去辨别是非真假，有意识增加一些生活的阅历，这对自己的健康成长是非常有利的。

温馨提示

当我们融入群体之中的时候，才会有集体荣誉感，才知道什么是团结协作，才真正明白竞争的意义，才更懂得生命的价值。

3. 掌握两项基本社交技能

在各项社交技能中有两项很需要又非常实用的技能：一是礼貌待人，二是能通过语言媒介恰当地表达。可以说，青少年朋友将来走上社会，离开了这两项技能就寸步难行。

（1）礼貌地待人接物

我们从小就开始学会应用一些常用的礼貌语言，如“请”、“谢谢”、“对不起”、“您好”、“再见”等等。但是要做好这些，并非一件易事。也许我们对父母还可以做到，而对陌生人就不行了。特别是胆子小、脸皮薄的青少年，到了初中三年级了，还不敢问候客人，看到陌生人就感到紧张，常常是缄默不语。我们身边的伙伴也常有这种现象，小时候非常乐于与客人打招呼，大了反倒不及儿时了。

青少年朋友如果存在类似情况，不必苛求自己做得十全十美，只需利用来客的机会，主动锻炼自己适应场面，试着帮助招待客人，以提高自己的自信心，从而消除怯场的心理状态。

（2）培养恰当运用交际媒介的能力

语言是交际的重要媒介，能否适宜地运用语言，对交际影响很大，因此，青少年应在力所能及的范围内锻炼自己的表达能力。电视演讲、辩论比赛等节目，认识语言表达的重要性并学习其语言表达技巧。平时在家就时政问题同父母展开讨论。家中来客人时，如不影响学习，也可“引席”家长的会客，一来学习家长会客的语言，二来自己也试着和客人沟通。如果不妥，父母还能在事后教育自己。

一天李明家中门被敲响，他去开门，一见是近来常来的老王，就说：“哦，又来了。”老王非常尴尬，说：“噢，嫌我来多了。”李明本不是这个意思，急得无所适从，事后家长告诉李明，客人来了应热情欢迎，可以说：“王叔叔，您来了，快请进来坐。”而加上“又”字就显示出对客人的厌烦之感。

对于出门在外的朋友、亲戚来说，E-mail、QQ等是较好的交际媒介，青少年应学习运用这些方式进行交往的能力。如果父母出差在外，还可以用E-mail或QQ与他们交流。如果能找几个长期的、年龄相仿的QQ伙伴，就更好了。同龄人有更多的共同语言，双方建立较稳固的通信联系，这对口语和书面语运用能力都有促进作用。

对于交际媒介的运用，青少年还应把握好运用的时机。时机掌握得恰到好处，交际收到的效果就会立竿见影。

当朋友生病时，说上一句真诚的鼓励；当朋友高兴时，送上一句真诚的祝愿；当朋友生日时，寄上一张精美的贺卡；当节日来临时，发上一封热情洋溢的电子邮件等，这样做对培养青少年运用恰当媒介进行交际的能力，是很有帮助的。

4. 人际交往中的若干技巧

如何做好“人际”文章，获得一个良好的人际环境呢?这里青少年应注意两方面的问题：一是注意个人的形象；二是注意交友的原则。下面例举的几点既是交友的必备原则，也是塑造个人魅力的要素。

（1）一笑“吃遍”天下

开口一笑百媚生。笑，是心情愉快的“皮相”表现，也是“善意”的表情，具有穿透人心的力量；不吝啬笑颜，你将能感受左右逢源，处事逍遥似遇春的喜悦。快乐、幸福、开心的笑，都是散发善意、好感的表现。笑口常开，你将拥有无比的“亲和力”。

（2）幽默一下又有何妨

幽默是人际关系的润滑剂，在任何场合，它都可以提供欢乐、放松的效果。有幽默感的人，好相处、有度量，而且，懂得营造良好气氛。自嘲是幽默生活的第一步，要练好自我解嘲的真功夫。

（3）主动出击，开创好人缘

人际关系的开展常系于一念之间，封闭自己的人，没有什么亲和力，人际关系也是每况愈下。主动出击，笑口常开，你可获得“最佳人缘奖”。

（4）己所不欲，勿施于人

人跟人相处，“己所不欲，勿施于人”是入门，“人所不欲，勿于人”是进阶，了解朋友，设身处地的替朋友着想，才不至于在天不时、地不利、人不合的情况下，表错情，会错意，造成“阴错阳差”的误会一再重演。

（5）忘我的人际哲学

在人际交往中，切忌自我意识过强，要力求维持“人我”关系的均衡。在既有的原则下寻求最大的弹性，尊重他人的想法，选择欣赏他人的优点，接受朋友的缺点，少想一点自己，便能优游于人群中。

（6）爱在心里口要开

心理学家以为，赞美与表达好感都是“言语酬佣”，言语酬佣和面子、尊严等社会报酬一样，会带给人们喜悦。适时、恰当的赞美能够有效提升人们的亲密度。一定要记住，要主动向朋友表示好感!

温馨提示

一个和谐、融洽的人际关系环境不仅可使你如鱼得水，尽情遨游，纵横捭阖，游刃有余，更会使你宏图大展，夙愿成真。

（7）学会倾听

在人际互动过程中，每个人常需要得到朋友的情感响应。当自己受到委屈、痛苦的时候，需要朋友的情感慰藉，当自己高兴、喜悦的时候，也需要朋友的分享。倾听需要技巧，懂得倾听的人，既不会让人有“介入”、“干涉”的感觉，又要与他一起分享喜怒哀乐，从而完全满足其情感需求。

（8）“迁怒”是人际场上的头号敌人

人一旦情绪低落时，往往对周围的一切都看不顺眼，态度恶劣，随意迁怒于人，结果得罪一大片。此时，应以最大的理智控制不良情绪的蔓延之势，同时，要尽快找出原因，化解与排遣不良情绪。

（9）注重“平等”、“交换”原则

交换理论告诉我们，人际互动注重“平等”、“交换”原则，交换的东西包括，金钱、物质等有形财物，也包括感情、面子、感觉、尊重等社会性报酬。朋友相处，得不到“互相”的“报酬”，友谊难常存。

（10）朋友帮忙，常记在心

俗话说：“受人点滴，涌泉相报。”朋友之间也应如此。朋友的帮忙，不是“理所当然”，点点滴滴都是人情，不但要心存感激，还应有所表示，让朋友知道他这个忙帮得多么具有“价值感”，多么受朋友重视，也许在他而言是举手之劳，却可能是朋友生死攸关的大事。

（11）记住你

每个人都关心自己，希望自己能得到尊重。如果，我们能牢记朋友的名字，并在下一次遇见时，“正确无误”地说出其名字及职称，自然能获得他人的好感。这是赢得人心的天字第一招，也是拓展人际关系的最有效，也是最直接的方法。

（12）注意“自我揭露”的潜在杀伤

“自我揭露”是指向人打开内心世界，是一种想法与隐私的分享。**自我揭露程度的高低反映交情深浅，揭露程度的提高，通常代表交情加深。**但是“揭露”得愈多与“知道”得愈多，对“施”与“受”的双方都是压力，在人际关系的发展上都是隐忧，不幸的话，会让交情变质，还有可能使朋友成为无辜的第三者。所以，朋友之间保持一定的“私人空间”与“一米线”的距离也并非是坏事。

（13）管好你的嘴

古训有云：“言语莫尖，尖可以折福。”带刺的语言，往往能够“兵不血刃”地伤人；逞一时口舌之快，以亏人、损人为乐，很可能“众叛亲离”，剩下孤家寡人一个。人家在乎，就别恶言相向。怒目相视，恶言相向，是人际交往的毒药，很容易引起朋友“大声”的报复，造成永无休止的“恶性循环”。所以，在人际交往中，和善文明为贵，收起你那锋利的话语“犄角”。

（14）严于律己，宽以待人

人际交往中，可以严格约束自己，但待人须宽容。交友为人，都须襟胸开阔、气度豁达，不可斤斤计较、睚眦必报；对别人的过失、缺点和错误都要有一定的包容性，不可耿耿于怀，劳神伤心。这样，才能真正成为受欢迎、受尊重的人。

（15）待人要坦诚

待人坦诚可谓是交友的关键原则。不仅是交友，就是一般的商业、合作关系之中，坦诚也是至关重要。对朋友一定要坦诚，不可阳奉阴违，表面一套，背后一套。朋友之间必须以诚相待，将心比心，这是相互取得信任的前提也是人际关系的永固剂。

（16）切勿猜忌

对朋友，一定要信任，不可多疑，不可猜忌过多。所谓“疑人不用，用人不疑”，这是用人原则，其实也是人际交往中的普通原则，“交人不疑，疑人不交”，**一旦将某人接纳为自己的朋友，就不可对其防范过重。**曹操天生多疑，也正是这点使其良将尽失，成为孤家寡人，终未成大业。

第五章

道德素质：美好人生的基石

作为社会生活中的人，道德素质是人的重要内涵，它决定着人的尊严、价值和成就。一旦具备了良好的道德素质，不仅有助于人类文明的延续，也将使自己受益终生。无数的事业成功者和伟人的人生履历都昭示了这一朴素的真理。

良好道德素质的培养，关键在于青少年时期。青少年的可塑性极强，渴望于在对社会的认识中完成自己的世界观，引导和教育是必不可少的一个环节。

一、道德品质：人的灵魂之光

道德品质，亦称品德或德行。它是一定社会或一定阶级的道德原则和规范在个人身上的体现和凝结，是处理个人与他人、个人与社会关系的一系列行为中所表现出来的比较稳定的特征和倾向。

良好的道德品质，它首先要求的就是个人要有正确的道德方向。我们脚下的路该怎么迈出，我们的人生道路该怎么走过，说到底就是一个方向问题。80多年前，一位中学校长上修身课时问学生："诸生为什么而读书啊?"校长听了同学们的回答摇了摇头，最后问到周恩来，周恩来的回答，令校长为之一振!周恩来的回答是："为中华之崛起而读书!"这就是一代伟人周恩来在中学时代的一幕学习写照，展示着周恩来青少年时代的道德风采。而在历史上，"哀民生之多艰"的伟大诗人屈原，"精忠报国"的爱国将领岳飞，"造福生命"的医药学家李时珍，"横眉冷对千夫指，俯首甘为孺子牛"的鲁迅，他们以国家、民族和人民的幸福为己任，是我们子孙万代的楷模。

1. 道德品质的构成要素

道德品质具有广泛的范畴，它由认识、情感、意志、行为四个方面的要素构成。

（1）道德认识

道德认识是对于道德规范和道德范畴及其意义的认识，它是人的认识过程在品德上的表现。

道德认识表现在两个方面：一是道德思维发展的水平；二是道德观念变化的程度。前者主要表现为道德认识的形式，后者则主要体现为道德认识的内容。道德认识，首先表现在道德知识、道德判断和道德评价上。在一定意义上说，这乃是道德思维水平的反映，同时，**人的思维**

能力的高低，也往往影响到道德认识的水平。道德思维的发展，既反映了时代特点、阶级特点和社会特点，也反映了不同社会中人类共同的道德规范。认识发展论者认为青少年的品德发展，与其认识活动及其发展水平密切相关，认为他们的品德发展是思维结构的一种自然变化过程。在这里，认识发展论者看到道德认识在品德发展中的地位，无疑是正确的；但是他们将品德发展和思维结构发展几乎等同起来，这未免言过其实了。实际上，道德思维的发展，反映了品德发展在认识方面的数量和质量上，都存在一个从未知到已知、从不成熟到成熟的过程。道德认识，也表现在各种道德范畴的观念，特别是道德是非观念上。

温馨提示

道德观念的发展，正是主体对诸如善恶、良心、荣誉、义务、幸福、正直、节操等道德范畴认识的变化。

（2）道德情感

道德情感是直接地与人所具有的一定道德规范的需要相联系的一种体验。**当人的思想意图和行为举止符合一定社会准则的需要时，就感到道德上的满足**；否则，就感到悔恨或不满意。道德情感是人的情感过程在品德上的表现。

道德情感也表现在两个方面，一个是道德情感的形式；另一个是道德情感的社会性内容。如果以道德情感产生的诱因，道德情感和道德认识的关系为指标，那么道德情感形式可以分为三个层次：第一种是直觉的情绪体验，它是由对某种情境的感知而引起的，对于道德规范的意识往往是不明确的；第二种是道德形象所引起的情绪体验；第三种是伦理道德的情感体验，它是由道德认识所支配，清晰地意识到道德要求和道德伦理，道德情感形式本身又是比较复杂的子系统，每一种形式都有程度、水平和等级问题。激发某种形式的道德情感，既决定于刺激度，又决定于主观需要的状态，如果以道德情感的社会内容为指标，那么道德情感可以表现在不同的方面，例如爱国主义情感、劳动情感、集体荣誉感、义务感、正义感、责任感等。

（3）道德意志

道德意志是一个人自觉地克服困难去完成预定的道德目的和任务，以实现一定道德动机的活动。道德意志是调节道德行为的内部力量，它是人的意志过程或主观能动性在品德上的表现。

道德意志主要表现在道德意志的品质和言行一致性两个方面。道德意志的品质又包括道德行为的自觉性、果断性、坚持性和自制力，这些品质，不仅保证主体道德行为的目的性、毅力的实现，而且也能作为区分人与人之间道德意志好坏的指标，言与行关系的统一，是道德意志行为发展的重要方面。这已被研究所证明，首先，在青少年当中，年龄越小，言行越一致，随着年龄的增长，言行一致和不一致的分化越大。这是由于年龄越小，行为比较简单，比较外露，他们还不善于掩蔽自己的行为；而**年龄越大，行为则越复杂，也日益学会掩蔽自己的行为**。很显然，这里调节、控制行为的，正是道德意志。其次，青少年中言行脱节往往出自只会说、不会做的原因，这说明他们还不善于用道德意志调节自己的言行，使道德认识是一回事，道德行为却是另一回事。

（4）道德行为

道德行为是在一定道德意识支配下所采取的各种行为。人的道德面貌是以道德行为来表现、来说明的，也就是说，道德行为是一个人道德意识的外部表现形态。

道德行为主要包括行为的技能和习惯两个成分。道德的行为技能，即道德行为方式方法，它主要是通过练习或实践而掌握的。在一个人品德的发展上，逐步地养成道德习惯是进行道德训练的关键。道德行为有两种表现，一种道德行为是不稳定的，有条件性的；另一种道德行为，或是良好的，或是不良的，但它是一种无条件的自动的带情绪色彩的行为。前一种是不经常的道德行为，后一种则形成了道德习惯。良好的道德行为习惯，能使品德从内心出发，不走弯路而达到高境界；不良的道德行为习惯，会给不良品德的改造带来困难。在客观的道德环境的作用下，主体的道德习惯往往能将一些单个的行动协同起来，自动地做出一系列的道德行为。可见，道德习惯是一种自动化道德行动的过程，良好的道德习惯的形成是一个人品德发展“质”的变化。青少年要通过一系列的模仿，无数次的重复，有意识的练习及与坏习惯作斗争等实践活动中来培养自己良好的道德习惯。**形成良好道德习惯，是品德培养的最重要的目的。**

以上这些品德的心理特征是彼此联系而不可割裂的一个整体。在一个人的品德发展中，每一个特征都是不可忽视的，缺乏正确的道德认识，道德行为则容易产生盲目性；没有良好的道德情感，就不能产生积极的道德态度；失去坚定的道德意志，就无法调节道德情感和行为，知与行也难以一致；若无恰当的道德行为，道德认识、情感、意志就无法表现。由此可见，这四个特征是相互制约的。

2. 道德品质的结构特点

人的道德品质结构无论从它们的组合关系上，或从它们的差异性上看，以及从培养的开端上看，都有其不同的特点：

（1）道德品质结构的统一性与差异性

道德品质结构是各成分相互联系又相互矛盾的统一体，同时它们的发展又有差异性。人的知、情、意、行不能截然分开，当个人有了某种道德认识，往往伴随着道德情感，随之产生道德行为，而当道德行为遇到困难或不能实现时，意志即进行调节，或改变行为方式，或调节自己的情感。道德品质的这几种成分，是对立统一关系，它们互相联系，互相作用，互相矛盾，又相互独立。

道德品质结构不但是一种对立统一体，它的发展和其他事物一样，也有差异，在青少年品德发展中，认识、情感、意志和行为的发展水平各有不同特点。例如有的青少年知、情、意、行的发展往往会脱节或者只讲不干，或者盲目地干，或者情感胜过理智，或者言行不一致，或者明知自己有错，就是不能改，他们缺乏意志力，既不容易控制自己的情感，又不能控制自己的行为。

年龄相同的青少年也有差异。性别不同的青少年品德发展也有差异。例如，女生在品德上往往表现出的懂事早、纪律好、有礼貌、自觉主动、肯干，均早于男生或超过男生。

（2）道德品质结构发展的循序性

一般地说，青少年道德认识的发展，遵循一定的认识规律，即由个别到一般，由具体到抽象，由片面到全面，由表面到深刻，由现象到本质。在道德判断上，由行为后果到根据动机和后果相结合进行判断。道德情感的发展，是由初级到高级，由简单到复杂，由易变到稳定。道德行为的发展，也遵循由易到难，由低到高的顺序。而且**任何一种道德品质的形成和整个道德水平的发展，都有一个从他律逐渐过渡到自律的趋势。**

（3）道德品质结构形成的多端性

道德品质结构几种成分的培养，从哪里入手呢?前苏联尼·德·列维托夫指出，可以有各种不同的开端。在第一种情况下，可以从培养道德行为方式或行为习惯开始；在第二种情况下，可以从激发青少年的道德情感着手；在第三种情况下，则可以从提高学生的认识做起，也可以同时并进，相互促进。但是，无论怎样做，只有当这些道德品质的基本心理成分都得到相应的发展，特别是在一定的道德动机和一定的行为方式之间构成稳固的联系时，某些道德品质才能更好地形成起来。

总之，各种不同的开端，并行不悖，相得益彰。受教育者及其所处的情境的不同，应该允许有不同的开端，这样才能使受教育者得到多种教育机会。

对青少年开展教育要真正做到晓之以理，动之以情，炼之以志，习之以行，积极促进青少年良好道德品质的形成。

3. 道德品质对青少年成才的作用

道德品质对青少年的成长和成才、塑造完美人格乃至建功立业都具有十分重要的作用。

（1）促进青少年成才的动力

道德品质不仅是人才的基本构成条件，而且是人才成长的内在动力。在我国，长期的历史发展过程中逐渐形成了“德才兼备”这个中华民族鉴赏和选拔人才的标准。北宋名臣、历史学家司马光对德与才的关系作了分析，他说：“才者，德之资也；德者，才之师也。”认为“德”不仅是人才构成的基本内容，而且在人才成长中具有统率和导向的作用。要使青少年对社会道德准则有所理解，并且产生热烈的情感，那是最基本的。他认为一切人类的价值的基础是道德。人才学研究表明，与一般的人比较，人才在社会责任感、献身精神、积极进取精神、与人合作精神、自觉性和自制力等方面要强烈得多。这些精神都与人的道德品质有关。可见，高尚的道德品质是青少年成才的内在动力，是促进青少年健康成长的精神力量。

（2）塑造青少年的完美人格

道德品质不仅是完美人格的构成要素，而且是塑造完美人格的必要条件。人格是一个较为抽象的概念，法学、美学、社会学、心理学、伦理学各有不同的解释。我们这里讲的人格是指人的地位和尊严、气质和风度、知识和才华、品质和品格的总和。其中的品质和品格主要是指道德品质。完美的人格在道德品质上表现为对己、对人两个方面：对自己要自尊、自爱、自立、自强；对他人要尊重、友爱、关心、帮助。具有高尚的情操、优秀的品质、坚强的意志和文明的行为，这是完美人格不可缺少的构成要素。青少年完美人格的塑造，既受社会条件的制约和影响，又靠自己的锻炼和修养。**青少年只有具备优秀的道德品质，才能受到他人的尊重，实现做人的尊严；**因此，道德品质不仅是完美人格的构成要素，而且在塑造完美人格的过程中发挥着重要作用。

（3）保证青少年在国家建设中建功立业

道德品质是青少年在我国建设事业中建功立业的重要保证。青少年朋友在不久的将来会走向社会建设各条战线，成为国家建设的中坚力量。党和人民对中学生寄托着殷切的希望。每一个青少年都希望自己在将来实现中华民族复兴的伟大事业中建功立业。

温馨提示

青少年朋友要实现远大抱负，除了要有真才实学和健康体魄之外，还必须具备良好的道德品质。

二、良好的道德素质让人生航程一路顺风

道德是一定社会的道德原则和规范在个人身上的体现和凝结，是处理个人与他人、个人与社会关系的一系列行为中所表现出来的比较稳定的特征和倾向，它由认识、情感、意志、行为四个方面构成。**一个人只有具有良好的道德素质，才能获得社会或人们的尊重与信任，才能在通往成功的路途中顺应时代的发展，成就一番事业。**

1. 坚守诚信是做人的根本

下面是一位父亲教子言而有信的故事，看看他的儿子是怎样叙述这件事的。

17岁那年秋天，我高中毕业。和父亲站在一块儿，我的个头儿差不

多和父亲一般高了。可是因为高考落榜，我整天和村里的几个大孩子厮混在一块儿，白天和他们一起游手好闲地东转西逛，夜晚就聚在村里的电影场里吊儿郎当地吹口哨或躲在小饭馆里无所事事地抽烟、喝酒。家里人为我忧心忡忡。

秋末的一天上午，我和这群大孩子在村东头遇见了城里来的一个鸡贩子，我们拦住他纠缠，鸡贩子一副不屑和我们这群孩子纠缠的样子，说："我还要收鸡呢，没时间和你们这群孩子磨牙！"

我们无赖似的哈哈大笑起来说："爷们儿，你怎么知道我们就不卖鸡？"

被纠缠得无法脱身的鸡贩子十分不耐烦地说："瞧你们这群毛孩子，能做主卖你们家里的鸡?这不是找揍么！"

这几句话搅得我们这帮孩子火起，纷纷拍着胸脯说："别以为我们做不了主呀，今天我们非把鸡卖给你不可！"于是纷纷自报自家要卖几只鸡，并个个充起买卖行家里手的模样，和鸡贩子七嘴八舌地讨价还价。

最后我们谈定一只鸡2元钱，让鸡贩子就坐在村头的古槐树下等我们，我们各自回家提。鸡贩子一副无可奈何的模样，摆着手说："快去快回，过期不候。唉，我这桩生意栽到底了！"

我将家里的12只鸡五花大绑着捉到古槐树下的时候，几个青年早来了，他们的鸡已经被关进了鸡贩子的铁丝鸡笼里，个个哀鸣着。我大大咧咧地把鸡摔在鸡贩子的面前说："数数吧，12只，连一条腿都不少！"鸡贩子眉开眼笑一迭声直叫："好好好，我这就付钱给你。"

这时，刚好父亲和母亲从地里挑粪归来。一看到我家那五花大绑堆在地上的公鸡、母鸡，母亲立刻惊叫起来。我知道这每一只鸡都是母亲一粒米一粒米一天天喂大的，现在，是我们家的银行呢，一家人的油盐酱醋全靠这几只鸡了。母亲说："你怎么能卖鸡?"

我不理睬母亲，斜着眼对惊慌失措的鸡贩子说："给钱吧！"鸡贩子迟迟疑疑地征询我的母亲说："这鸡……还卖吗?"母亲说："这都是正下蛋的鸡呢，我们不卖！”

“卖！”这时父亲从人群后挤过来果断地拍板说，“就按你们刚才说定的价格卖吧。”母亲不解地看着父亲说：“鸡卖了，以后油盐酱醋从哪儿来?一只鸡才两元钱，平常一只鸡最少也要卖6元钱的呀！”

“2元?”父亲愣了一下，又转身问我说，“这价钱你们刚才说定的?”我才知道，刚才自己几乎做了一桩大亏本的买卖，我有些不好意思地说：“是2元钱一只。”鸡贩子这时忙讪笑着对父亲说：“如果2元钱不行，再商量商量，6块钱一只行不行?”父亲叹了口气说：“价格是太低了，可是你们刚才已经说定2元钱了，怎么能反悔呢?就按你们说定的卖。”鸡贩子一愣，但马上就掏出一沓钱数数递给父亲说：“就按一只6元钱吧，这是72元钱，你数数，你数数。”父亲把钱推回去说：“一只2元，12只24元，多一分钱我们也不要，已经说定的，不能说反悔就反悔了。”

鸡贩子把24元钱递到父亲手里，慌慌张张地挑起鸡笼赶快走了。父亲轻轻拍了拍我的肩膀说：“你已经17岁了，该是个男子汉了，说出的话就如同泼出去的水，怎么能随便就反悔呢?长大了，就要对自己说出的每一句话、做下的每一件事负责，人不这样，怎么能活成个顶天立地的人呢?”

品味着父亲的话，陡然间我觉得自己长大了，已经一步跨过了孩提和成年的界限，变成了一个说话掷地有声、对自己所言所行负责的汉子。

我永远都不会忘记自己这特殊的成年仪式，在村头的老槐树下，12只鸡，24元钱，还有父亲那慈爱而严肃的脸，那随风飞向远方的一句句朴实而铿锵的话……

说话算数、言而有信是成熟的标志，也是一种情操。古人云：君子无信而不立。人生的追求就是立言、立信和立德。

因而，**青少年在行使自己的权利时，必须先问一下自己：我这样做合理吗?我有能力做到吗?我愿意遵守诺言吗?**

如果对事情的合理性没有把握，或认为自己没有能力做到，或自己不愿意遵守诺言，那么你的最佳选择是不要答应任何事情。不答应不是过错，也不等于没有权利，而是对自己和他人的尊重。因为答应了别人就等于欠别人的，当不能兑现时，就是自己的过错了。

只有尊重自己的能力和意愿时，才谈得上尊重他人；违心地附和他人往往会导致自己言而无信。

2. 青少年应该具备的道德品质

我们祖国正处在由世界大国“向世界强国”转变的伟大时代，**具备良好的道德品质是我们能够成为有用人才的一个重要前提。**在当前，我们青少年必须具备以下基本的道德品质：

（1）勤劳节俭

勤劳作为一种优秀的道德品质，在我们征服世界、改造世界的过程中发挥着巨大的作用。“勤能补拙”、“天才出自勤奋”是千古不变的至理名言。

俭朴是一种节省、朴实无华、不求虚荣的品质。我们的国家仍然是发展中国家，较之发达国家还有较大差距。我们的人民还不富裕，在那些穷困的乡村，还有不少失学儿童渴望着上学，他们需要我们全社会的帮助。事实上，俭朴绝不是以贫为荣，而是不挥霍浪费。它既体现着实事求是的态度，也体现着为美好生活和远大理想而发奋图强、克服困难的进取精神。瑞典著名科学家诺贝尔一生献身科学事业，成就卓著，拥有巨额财产，但他生前却节衣缩食，过着十分俭朴的生活。临终前他留下遗嘱，将其巨额遗产作为发展科学事业的奖励基金。今天，获得“诺贝尔奖”已成为世界科学家的最高荣誉。

当代青少年所处的社会环境发生了深刻的变化，志向高远的青少年应当继承和发扬勤劳节俭的传统美德，自觉养成勤劳节俭的品质。从现在起，就应当严格要求自己，防微杜渐，树立勤劳节俭光荣、懒惰奢侈可耻的荣辱观；自觉参加校内外的公益劳动，养成在家里主动做家务劳动的习惯；在个人生活上不摆阔气，不图虚荣，不与他人攀比，不向父母提出超越家庭经济条件的要求；节约用水、用电、用粮、爱护公共财物，敢于向铺张浪费、破坏公物的现象作斗争；养成勤劳节俭，艰苦奋斗的好思想、好习惯、好品质。

（2）孝敬父母

孝敬父母，即尊重、敬爱、赡养父母。作为子女应当感激父母的生育、养育、教育之恩，履行子女对父母双亲的责任和义务，这是做人的最基本的道德品质。中华民族历来重视“孝道”，认为孝是“德之本”，是“众善之始”，“忠臣必出孝悌之家”，“夫孝，始于事亲，中于事君，终于立身”。人生在世，首先形成的人际关系就是和父母的亲子关系。一个人如果对生身父母都不能尽孝，怎么可能处理好兄弟、亲友、师长、同事、集体和国家的关系呢?怎么可以成为一个热爱祖国、热爱人民的人呢?

（3）尊敬师长

尊敬师长，是中华民族的传统美德。中国古代的思想家、教育家荀子将君师并称，认为“国将兴，必贵师而重傅”。唐代的韩愈说：“举世不师，故道益离”，认为只有尊师敬业，整个社会才能按照“道统”方向顺利发展。

青少年尊师敬长应自觉做到：树立尊师敬长的观念，懂得“国之将兴，必尊师而重傅”的道理；尊重老师的劳动，接受老师的教导，服从管理，刻苦学习，以优异的学习成绩和工作成果回报老师的辛勤劳作。

（4）团结和睦

团结和睦，是中华民族人际关系的重要伦理准则，是社会稳定和国家统一的精神力量，也是当代青少年处理同学关系和各种人际关系时应当具备的道德品质。今天的青少年要具有团结和睦的道德品质，一般应做到：**要关心人、团结人，遇事要为他人着想，不能只顾自己，不顾别人**；要同情人、帮助人、对学习、生活有困难的人，特别是残疾人，要主动给予帮助；要尊重人、信任人、不侮辱人、不讥笑人；尊重少数民族风俗习惯；要忍让人、原谅人，对别人误伤或者错怪了自己，要豁达大度，不要得理不饶人；要讲大团结，不搞小圈子。要坚持公平、公正、合理、合法的竞争，坚持团结协作，反对不正当竞争。

（5）谦虚礼让

谦虚礼让，指人的言行举止应合乎一定的礼仪规范。待人接物要和蔼可亲，彬彬有礼，不目空一切，不盛气凌人，这是青少年应有的文化修养和道德品质。谦虚的核心是善于发现自己的短处和别人的长处，能够并且乐于采众家之长，补自己之短。礼让是指语言和动作谦逊、恭敬，与粗野蛮横相对。它包括友好诚恳、与人为善的态度，亲切文雅的语言，和颜悦色的表情，以及各种文明进步的礼节等。**礼让的关键是尊敬他人，是对他人尊敬的一种重要表现**。青少年谦虚礼让要做到：一是与人交往时，要友好相处；二是在公共场所要举止文雅，文明礼貌；三是待人接物要主动热情，落落大方。

勤奋刻苦，勇于进取；热爱祖国，自强不息；讲求礼仪，重视修养；通达乐观，艰苦奋斗；言行忠信，礼让谦恭；尊老爱幼，互敬互爱。这些优秀的道德传统是中华文明的重要组成部分。

（6）律己宽人

律己宽人就是严于律己，宽以待人。律己指遵循一定的道德准则和行为规范来要求自己、约束自己。宽人指用宽宏大量的心胸、团结友爱的态度来对待他人。宽人不是不坚持原则，不是丧失立场去迁就他人的过错，求得一团和气，而是在维护大局和整体利益的前提下个人之间的友善礼让。

当代青少年如何在实践中律己宽人?具体讲要注意这四个方面：一要善于自我评价，“吾日三省吾身”，定期检查自己的言行，知道自己的缺点和不足，并能找出原因和改正方法；二要树立“成人之美”的友爱思想，遵守“仁义谦和”的待人原则，遇事设身处地为他人着想，摒弃虚伪、猜疑、嫉妒和偏见，与人为善，富有爱心和真情；三要“己所不欲，勿施于人”，自己不愿意做的事，不要强行让别人做；四要心胸开阔，宽宏大量，要做到“卒然临之而不惊，无故加之而不怒”，要善于团结与自己意见不同的人一起工作。

（7）诚实守信

诚实守信，就是言行与思想一致，不伪装，不虚假，说话、办事实事求是，讲信用。诚实与守信二者有着密切的联系，诚实是守信的思想基础，守信是诚实的外在表现，只有内心诚实，待人诚恳真挚，做事才能讲信用，有信誉。当代青少年应牢固树立诚实正直、实事求是、“言而有信，无信不立”的观念，自觉做到如下几点：

①表里如一，言行一致。老师在与不在同样遵守纪律，严格要求自己。

②襟怀坦白，光明磊落。不掩盖过失，做了错事勇于承认并认真改正。

③不欺人，不自欺。刚正不阿，不失信于人。

④惜时如金，一诺千金。行动遵时守约，开会、办事、参加各项活动、赴约、做客等均不迟到。

（8）见义勇为

见义勇为，既遇到邪恶或危险奋不顾身，无所畏惧，挺身而出，英勇斗争之意；又有为主持公道，伸张正义，坚持真理而勇敢进取，敢做敢当，发展创新之意。与见义勇为相对立的是怯懦自卑，软弱无力，消极无为，畏缩不前。

在社会主义市场经济条件下，特别需要见义勇为的优秀品质。对社会生活中那些腐败现象，经济生活中的假冒伪劣、坑蒙拐骗现象，文化生活中的黄、毒、赌现象，社会治安中的抢劫、偷盗、黑社会现象，需要人们挺身而出，不畏强暴，不避艰险，英勇斗争。青少年应当具有见义勇为的品质，努力做到：见到社会上的消极腐败现象要敢于揭发检举，主动向有关部门报案；见到老弱病残幼的人乃至所有好人、遇到危险或困难，要挺身而出，上前救助或支援。

（9）公正无私

公正无私，是一种办事公平、公道、正直、正派，不偏邪、不自私的道德品质。同公正无私相对立的是偏邪自私，办事不公平、不公道；对人欺软怕硬，对权势阿谀奉承；在对待权利与义务、责任与利益的关系上，有偏有向，甚至假公济私、损公肥私、以权谋私。公正无私是最高层次的道德品质。青少年要具备公正无私的道德品质应努力做到：正确认识和处理个人与集体、社会、国家的关系，一事当前应先集体而后个人；正确认识和处理个人与人民群众的关系，尊重、关心和热爱人民，树立全心全意为人民服务的思想；在日常生活中自觉养成公正无私的品质等。

青少年养成良好的道德品质，将会受益终生。诸如勤劳俭朴、诚实守信谦让、公正无私等基本品质，在生活和交往中都会发挥很大的作用。

3. 努力培养良好的道德情感

道德情感是人对事物的爱憎、好恶的态度，是人所持有的一种在道德方面表现出来的高级情感。

人们运用一定的道德标准评价自身或他人行为就会产生道德情感。一个具有良好道德情感的人，才能是一个对社会有益的人。

道德情感和道德认识、道德行为是紧密联系的，对道德观念、道德行为和道德准则的认识是产生道德情感的基础，道德情感是道德认识的一种具体体现。按其内容可以分为：自尊心、荣誉感、义务感、责任感、同志感、友谊感、人道主义情感、爱国主义情感与国际主义情感等。

当罗马士兵的刺刀戳到古希腊数学家阿基米德的鼻子时，阿基米德说："慢一点，慢一点杀我的头，让我把这条定理证完，我不能给后人留下一条没有证完的定理。"秋瑾的誓言"拚将十万头颅血，须把乾坤力挽回"，她甘愿抛头颅、洒热血，九死而不悔，决不在"自白书"上签字画押。这些行为凝聚了他们对科学、真理和祖国的热爱，是道德情感所产生的道德行为。

（1）道德情感的特征

①两极性。情感的两极性，就是在一定的情境中，常常会出现两种互相对立的情感。例如，回嗔作喜，悲喜交集。在唐代诗人杜甫《闻官军收河南河北》的诗既有"初闻涕泪满衣裳"的情感描写，又有"漫卷诗书喜欲狂"的情感抒发，这就体现出道德情感的两极性的特征。在两极之间，还有一系列不同色彩的情感或情绪。例如，《红楼梦》第32回中，黛玉在门外悄悄听湘云对宝玉的一段"仕途经济"的说教时，宝玉说："林妹妹是不说这些混话的，要说这些，我也就早和她生分了。"黛玉听后产生喜、惊、叹、悲等一系列不同的情感色彩：喜的是宝玉果然是知音，惊的是宝玉在人前竟不避嫌地赞扬她，叹的是既生我又何必

生宝钗，悲的是恐难成良缘。尽管情感的色彩不同，但都具有两极性。因两极的情感在一定条件下，可以互为转换，如从激动到平静，从紧张到轻松等。两极性也表现为积极和消极两方面，积极起到增力的作用，消极起到减力的作用。

②情境性。客观环境、客观事物能影响个人的情感。人们的情感总是在一定的情境中产生。情境中的各种因素，对情感的产生，具有综合作用。例如在布置得五彩缤纷、生动活泼、别具一格的迎新晚会上，会给人带来快乐感；学校里窗明几净、阳光灿烂，会给人带来振作、进取的舒适感；公共场所的随地吐痰、乱丢果皮、不讲文明、不守纪律，会给人带来厌恶感。

③感染性。在一定的条件下，道德情感能产生共鸣的作用。就是一个人的道德情感可以感染别人，使别人产生同样的或者类似的情感。这种以情动情就是情感的感染性，也就是情感的共鸣。情感的共鸣，能够超越时间与空间的限制。荆轲即将离开燕国去刺秦王，在易水边所赋的诗："风萧萧兮易水寒，壮士一去兮不复还。"在场的人听了都感动得落泪。正因为情感的感染性，就使得情感可以在人际关系中发生一定的感化作用。道德情感对人的感染力的作用不可低估，它能激起青少年的共鸣，推动大家一起奋发向上。

道德情感以其感染力能引起一定的社会反响。具有良好的道德情感是成为团队领导的重要素质之一。

④社会性。人的情感的社会性很突出。情感是客观事物与人的需要之间的关系的反映。而人的需要，特别是社会性需要，是随着人们实践的不同而不同的。所以，反映着事物与人的需要之间的关系的情感，也必然受社会的制约。情感受社会所制约，所以在阶级社会中，情感具有阶级性。"月儿弯弯照九州，几家欢乐几家愁。几家高楼饮美酒，几家流落在街头。"这首诗就体现出不同阶级的不同情感。但是不是所有的情感都具有阶级性呢?也不一定。还有人类共同的情感。例如山河的锦绣

“欲把西湖比西子，浓妆淡抹总相宜”，以及宫廷建筑之美，龙门石刻之美，敦煌壁画之美，唐诗宋词之美，无论哪个阶级、哪个种族都能产生审美的情感。又例如，公德，不随地吐痰，不大声喧闹，还有遵守信用，等等，也都是人类共同的道德情感。

温馨提示

作为对客观现实的一种反映，道德情感也是对客观现实的一种态度。道德情感在道德品质形成过程中起着产生道德行为和进行自我监督的重大作用。

（2）道德情感的培养

青少年培养道德情感的途径多种多样。根据道德情感的发生、发展的规律和特征，必须注意下列几点。

①以道德理论和知识培养道德情感。道德理论能产生道德情感；阐明道德概念、理论、观点、意义，能使青少年的道德体验不断深化，不断概括。教育者在讲解、说理的基础上联系实际事例，进行道德评价，并引导青少年在实践中付诸行动，从而能强化和巩固对道德认识的理解。

②以道德情感感染道德情感。由于情感有感染性，教育者要善于用激发积极情感的方法来克服消极情感，使得积极的情感引起共鸣，产生感染作用。同时，教师必须以身作则，以情动情，做青少年的知音。在讲述和评价道德行为时，应带有明确的情感倾向性，奖、惩、褒、贬，态度鲜明，以便激发学生的共鸣。许多事实说明，师生间情感上的共鸣，在学生道德情感的培养上有重要意义。因为情感的共鸣是人与人之间在情感上的一种直接的感染力量。

③创设道德情境，唤起道德情感。情感具有情境性，在一定的具体

情境中，能够诱发相应的情感。因此，教育者要创设适当的情境，有意识地组织多样化的活动和布置优美、宁静的环境，让学生置身于一个感人的情境之中，唤起、诱发学生积极健康的情感体验。这是培养青少年道德情感的有效途径之一。

④以道德行为巩固道德情感。道德行为及其效果，检验、调节、巩固着道德情感。因此，要积极参加各种青少年社会实践，做好人好事，宣传文明礼貌，参加社会活动，在实践中锻炼道德行为，巩固、检验、调节道德情感。

三、道德素质的培养

道德素质的培养有多层次的内容。我们要提高自己的道德认识，并在实践的过程中不断地付诸行动。“冰冻三尺，非一日之寒”，只有在循序渐进中，才能铸就稳定、良好的道德素质。

1. 道德认识的提高

认识是情感的基础，行为的先导。没有正确的认识，就难以形成道德行为和习惯。

青少年掌握道德概念，提高道德认识，其途径和方法可以多种多样。

（1）从具体鲜明的英雄形象中强化道德力量

英雄人物的光辉形象和模范事迹，对于青少年来说具有很大的说服力和感染力。阅读有关英雄事迹的材料或者参加英雄事迹报告会。英雄人物的生动具体的高大形象，不仅能使青少年树立道德概念，提高道德认识，而且可以熏陶我们的情感，从内心产生巨大的道德力量，推动我们做好人好事。

（2）用“格言教育”强化道德概念

这种方法是我国道德教育的传统经验。格言读起来朗朗上口，便于熟记，适合青少年的心理特点。青少年阅读和学习格言，可以增长道德知识，不断强化道德概念。如“黎明即起，洒扫庭院”，“一粥一饭，当思来之不易”。这些生活箴言，告诉了青少年应该奉行的爱卫生、讲节俭的生活道德准则。

（3）遵循由近及远、由具体到抽象的原则

青少年抽象思维还不够发达，掌握道德知识多是从感性直观开始的。如学习爱国主义精神，不能光了解一些抽象的大道理，首先要从热爱国旗、热爱自己的班级、学校做起，进而教育他们热爱自己的家乡，最后形成热爱祖国这一概念。热爱人民的教育也是如此，不可设想，**一个不热爱自己的父母，不尊敬老师、友爱同学和尊重周围人的人，将来不会成为一个热爱人民的人**。又如培养纪律观念，先要从遵守课堂纪律、学校纪律做起，然后再要求自己遵守校外纪律、社会纪律，最后形成法制观念。

温馨提示

青少年道德认识的过程是从道德概念的掌握到道德评价的发展，从道德信念的确立到道德理想的树立。

2. 道德意志的锻炼

道德意志是在实际行动中表现出来的，同行动密切联系，人们能够从分析一个人的行动直接地观察、了解他的道德意志。道德意志同道德信念、道德理想是紧密相连的。道德意志主要表现在两个方面：一是克服内部障碍，以道德动机战胜非道德动机；二是排除外部障碍，执行由道德动机所引出的行为决定。道德意志坚强的人，能充分发挥主观能动作用，排除万难，在任何情况下坚决去做应该做的事，有所建树。即使失败了，也能在对待挫折的态度上，体现出道德行为。

青少年锻炼和培养道德意志，要注意下列几点：

（1）加强思想学习

青少年加强思想学习，提高自己的道德认识，发展道德情感。道德意志是在道德认识和道德情感的基础上发生和发展的。因此，提高认识、发展情感是首要条件。所谓提高认识，主要是指培养正确的观点、信念、理想和世界观，它是一个人道德意志行动的基本内容和正确方向。所谓发展情感，主要指培养对祖国、对人民、对社会主义、对科学真理等的热爱以及责任感、义务感、荣誉感、自尊心、上进心等，使之成为在道德意志中的强大动力。只有在情感的激励下，情感转化为动机，推动人的活动，才能不断地同困难作斗争。这就是情感的动力功能。

（2）在实践活动中严格要求自己

参加各种实践活动是锻炼和培养意志的基本途径。实践活动包括游戏、学习、劳动。道德意志是伴随着实践活动中的道德行为而产生的，因此，在实践活动中，在集体生活中，青少年要严格进行意志行为的训练。这是锻炼和培养意志的关键。有意识地在实践活动中，在集体生活中磨炼顽强的道德意志，使学生取得意志锻炼的直接经验，培养意志力，是十分必要的。青少年学生的主要任务是学习，要严格要求自己完成学习任务，遵守课堂纪律和学校的一切规章制度，执行教师和班级委托的任务。凡是经过努力能够做到的，就一定要求做到。一次不行，二次再来，直到做好为止，这就是严格要求。

（3）进行自我检查

在青少年进行道德意志的培养过程中，要重视政治、时事、形势的学习，对照形势的要求，明确自己的责任以及努力的方向，进行自我检查、自我评价、自我监督、自我控制的自我教育，同时乐于接受他人的批评和督促，从中吸取教育和力量，以坚持道德意志行动。这些教育和训练，应结合青少年的学习、工作、生活等来进行，要脚踏实地地从点滴做起。

温馨提示

青少年不要以为只有惊天动地的伟大事业才能锻炼自己的意志，其实，意志的锻炼就应该从点滴开始，并坚持下去。

（4）针对个性心理特点

青少年培养自己的道德意志应有针对性，要针对自己意志上的特点、类型，采取锻炼措施。如果自己性格软弱、易受暗示，或者执拗、顽固，就要培养意志的原则性和目的性。如果自己畏首畏尾，犹豫不决，冒失、轻率，就须培养意志的果断、沉着的自制的品质。如果缺乏毅力或缺少精力，就要培养意志的坚韧性，教育他们振奋精神。

3. 道德行为的训练

道德行为习惯是青少年由不经常的道德行为转化为道德品质的关键因素。在日常生活的道德行为中，行为习惯起着特别明显的作用。因此，青少年培养良好的行为习惯和改正不良的行为习惯是十分必要的。

培养道德行为习惯，需要不断地训练，养成巩固的行为习惯，一旦道德行为习惯建立条件反射后，就能形成比较稳定的对客观事物的态度和行为倾向，同时在新环境中发生迁移作用，主动地表现出良好的道德行为。有些青少年的一些不良习惯，例如上课随便讲话，影响听讲，这主要是开始时缺乏必要的训练，没能建立牢固的行为习惯的缘故。**青少年阶段是学生形成道德行为习惯的重要时期，因此，青少年应注意培养形成良好的行为习惯**。习惯是在教育、生活、学习、劳动、工作过程中形成和培养起来的。行为习惯形成的方式主要有以下几种。

（1）行为的模仿

学习总是从模仿开始的。因此，青少年朋友要从身边，从周围的人当中找出榜样，仿效榜样来行动，以便形成习惯。

（2）有意的练习

在有意练习时，青少年要明白练习的意义、目的和阶段要求，不中断地坚持练习。青少年要知道练习的成绩效果，体验到进步的愉快，还要总结成败的经验和教训。有意练习，不是简单地重复，不能把道德行为习惯的培养当作一种技能来掌握，练习德行并不像练习钢琴那样，越练越熟，关键在于行为习惯必须转化为道德品质，成为自己个人的需要。至关重要的是：**培养行为习惯时，要加强对目的、意义的认识，增进练习的自觉性，从而使习惯转化为自己的需要。**

（3）根除不良习惯

青少年在培养道德行为习惯的过程中，要时时注意采取合理的措施强化、巩固好的习惯；提防、抑制坏的习惯。要知道坏习惯的危害性，加强克服坏习惯的信心与提高同坏习惯作斗争的勇气和毅力。纠正坏习惯的具体方法有：铭记警句，开展活动，讨论坏习惯的危害，出版墙报，以及督促、检查、奖惩等。

温馨提示

良好的道德行为习惯形成后，就不自觉地变成了青少年自己的需要，甚至成为终身保留的良好个性品质。

4. 爱心的培养

青少年朋友你想具有乐观而又积极的心态吗?你想成为一个幸福的人吗?你想你的朋友遍天下，成为一个事业成功的人吗?天下所有的父母对上述问题的回答一定都是肯定的。那么，怎样才能实现这些愿望呢?这里有一条实现目标的重要途径，那就是培养自己的爱心。

美国著名教育家赫·斯宾塞指出：爱心是美德的基础，也是美德最直接的表现。

富有爱心的人，很少计较个人得失，只是一味地不停付出，并不奢求太多的回报。然而，“世间终有公道，付出总有回报”。他们往往会在不经意间得到曾经被他们付之爱与关怀的那些人深深的感激之情，哪怕只是一张小小的贺卡，他们也能聊以自慰。所以，在他们的生活里，几乎每一天都是乐观而积极的。

由乐观又产生豁达、宽容和谦虚的品质，这是不证自明的道理。层层发展下去，拥有爱心的人又岂能不幸福呢?如果一个人富有爱心，就会主动去关心帮助他人，从而易于消除人与人之间彼此的隔阂。

一个富有爱心的人，必然也是一位朋友遍天下的人，不但不会因此而烦恼、苦闷和不愉快，而且有助于自己事业的发展与成功。

要让自己富有爱心，青少年一定要努力做到以下几点：

· 多交朋友，珍惜友谊；

· 学会主动关心帮助他人；

· 拥有一些基本的美德，如尊敬师长、尊老爱幼、同情弱小等。

外出时，比如在公共汽车上，主动为老年人让座；在大街上过马路，看到老人帮助搀扶一下，一旦行为重复多次就形成了习惯，这样你就形成了尊老的习惯。以后遇到同样的情况，你不用思索，就会自然主动地去做。另外，如果你经常将自己需要开支的钱捐给身边急需帮助的人，那么你将会把自己的压岁钱、零钱捐献给灾区人民。

温馨提示

青少年要多参与公益事业，通过耳濡目染培养起自己的爱心。这里我们应该注意的是，培养自己爱心的关键在于行动，在于自己的不断奉献。

5. 责任心的培养

责任心是一个人立足于复杂社会，能担当重任的重要条件。但是，青少年并不是人人都具有责任心的，它是在适宜的条件和精心的培育下，随年龄和心灵的成长而生长起来的。青少年朋友现在只有在家庭环境和学校环境中长出责任心的“幼苗”，才能在复杂的社会环境中经受考验，得到修正和磨炼，最终会成为一个自强、自立的人。

家庭责任心主要是指能尊重其他家庭成员的权利，自愿承担家庭义务，为自己的行为承担责任。青少年具有家庭责任心，不仅能在现时的家庭生活中扮演好家庭成员的角色，在未来的生活中也有能力支撑、组织好属于自己的家庭，他的一生不仅能享受到家庭生活的充实、快乐，同时，也能创造出温馨、和睦的家庭气氛。

现在的青少年多数是独生子女，在家中受到父母无微不至的呵护。家中所有事务都是由父母承担，此外父母还尽力照顾自己。很多青少年都成了“甩手小掌柜”。

有的青少年在家庭中享有特殊的权利，成为全家关注的“焦点”，却缺少对其他家庭成员应有的关心、照顾，不愿承担家务劳动，只会抱怨父母不理解自己，而自己却很难理解父母，平时理直气壮地为自己争取权利，却意识不到自己对父母、对家庭应尽的义务；或者有的青少年在学校是三好学生、优秀干部、好人好事标兵，在家中却事事依靠父母。

未来生活所必需的观念、态度和技能有些是不能在书本和学校中学到的，青少年在家庭生活中时时处处都应学习，这同样是一种很重要的学习。

学习父母的观念，态度、处世方法。看他们如何去尽自己的义务和责任。认清自己在家里应该做什么，应怎样去做。主动去做。把自己能做的事情，该做的事情做好。长此以往，才能培养出家庭责任感，在家尽自己之责。

青少年朋友不仅要培养家庭责任心，还要把它推而广之去培养社会责任心，要日渐清楚自己在社会中的责任。认真履行在社会义务，担当行为的后果。

温馨提示

有责任心的青少年做任何事都会考虑到行为后果，并且在不影响他人权利的情况下实现自己的需要。他们明白并主动履行义务，愿意承担自己行动的后果。

第六章

审美素质：滋润心田的“营养素”

“爱美之心，人皆有之。”

美，能丰富生活，怡悦性情，启发思想。

美，能使人的视野更加开阔，品格更加高尚，灵魂更加纯洁，精神更加振奋。

一个真正爱美的人，也必定是一个热爱生活的人。一个真正爱美的人，也必定是一个创造美的人。

什么是美?美在哪里?怎样审美?怎样创造美?让我们走进美的宫殿去寻求答案。

在这座宫殿里，展现着壮丽的名山大川，澎湃着情感的激流，展示着魅力无穷的艺术杰作，回荡着美妙动人的音乐……

如果青少年朋友领略了其中的真谛，在未来成才之路上，就吸收了一种必不可少的营养。

一、美的魅力咏叹

美，无处不在。在自然界里，有挺拔雄伟的崇山峻岭，有旖旎秀丽的湖光山色。在社会生活里，有英雄的业绩，有壮丽的人生。哪里有人类生活，哪里就有美的踪迹。

美的魅力，在于它是形象的、具体的，是我们可以直接感受到的。灿烂的阳光，皎洁的月色，婉转的鸟语，馥郁的花香，巍峨的秦岭，奇绝的黄山，奔腾不息的黄河，一泻千里的长江，都让无数人陶醉其中。

美的魅力，在于它的感染力。美的事物能激发人的感情，使人在精神上得到很大的愉悦和满足。我们看到五星红旗，就会自然而然地产生一种蓬勃向上的情绪和作为一个中国人的自豪。因为它是成千上万的先烈用鲜血和生命换来的，它象征着自由和解放，标志着我们国家的尊严和民族的团结。

美的魅力，在于它是客观的、社会的。美，来源于人类的社会实践，具有社会效应。美的魅力在于能丰富人们的生活，愉悦人们的心情，启发人们的思想，使人们的视野更加开阔，品格更加高尚，灵魂更加纯洁，精神更加振奋。

美的魅力，在于它可以“显示出生活或使我们想起生活”（车尔尼雪夫斯基语）。例如，人们喜爱鲜花的美，欣赏它那绚丽的色彩，婀娜的风姿，欣欣向荣的生机，就是因为人们的精神生活中也需要绚丽多彩、生动活泼、充满生机。一支乐曲之所以美，不仅在于宜人的节奏和旋律，还在于它抒发了人们真切的感受、健康的情趣和追求新生活的愿望和理想。

美的魅力，在于它的根源深深地蕴藏在人类的社会实践中。**人们在实践中不断地显示力量、创造美。**美的魅力还在于它蕴涵着事物的客观规律性，包含着“真”、“善”。优秀的文学作品如俄国作家托尔斯泰的《战争与和平》之所以经久流传，生命不朽，除了作品本身的高度艺术技巧之外，更重要的在于它真实地反映了一定时代的社会生活和人们的思想感情。

温馨提示

爱美之心，人皆有之。观一处胜景，听一曲音乐，赏一幅国画，我们会情不自禁地赞叹：真美啊!那么，我们如何才能让美与我们同在呢?

1. 领略自然之美

自然美无处不在，日月星辰、山川草木、花鸟虫鱼、春华秋实都是自然美。

当我们投入大自然的怀抱之中，我们就仿佛进入了画境。明媚的阳光，皎洁的月色；盛开的鲜花，成熟的硕果；风雨雷电，云雾霜雪；珍禽异兽，奇花异草；有巍峨的山峰，起伏的山峦，恬静的湖泊，浩瀚的江河……大自然为我们创造了一个美妙的世界。

自然风景之美在于它能从形象的整体上给人以无比丰富的感觉，如空间感（即体积大小）、运动感、各种生命的繁荣和多姿多彩等都是美不胜收、无与伦比的，它们都是自然美的构成因素。空间感能以自然界巨大的空间体积给人一种雄伟壮阔的美感，“海阔凭鱼跃，天高任鸟飞”是对空间感的最佳描绘。蓝天之上，朵朵白云，风吹云流，时而化作飞奔的骏马，时而化作陡峭的山崖，时而化作亭亭玉立的少女，时而化成参天的苍松……瞬间万变的运动感催人奋进。各种生命的繁荣和多姿多彩，是指自然界动植物一派生机，使人感受到生命的旺盛，感受到积极向上的精神。

我们常常把各种各样的自然景物比喻为人：以出淤泥而不染的荷花来比喻人的纯洁品质；以生长在悬崖陡壁上的松树来比喻人坚韧顽强的毅力；以牡丹来比喻高贵的气质；以青竹的根连根来比喻团结精神……唯有当自然界中一切以形状、色彩和声音等表现出来的特点与人们向往的优秀品质等特点相似时，自然才是美的。自然美成为人类社会生活中心灵美的化身。所以在现实生活中，人们常常利用自然景物的形象来显示和表现人的品质美以及人与人之间关系的社会生活美。人们在欣赏景物时，通过联想和想象，感到它与人们的心灵美有相似之处时，就认为它是美的。

如何欣赏自然美?

首先，欣赏自然美，要把握自然美的特性。其一，自然美侧重于形式美。人们常常因为自然物的形式美而留下鲜明、生动、突出的印象，而忽视其内容。如蝴蝶，尽管其幼虫绝大多数对农作物有害，但其外形美丽，总是受到人们的喜爱。其二，自然美具有多面性。同一自然物，可以给人以不同的感受。如月有阴晴圆缺，或圆如玉盘，或弯如吴钩；月光变幻，或皎洁明亮，或温和朦胧；诗情画意，尽在其中。

其次，欣赏自然美，要根据不同的地理位置、不同的季节、不同的时间来感受它们的不同风貌。春天野花开了，散发出一股股淡淡的幽香；夏天美丽的树木长满了树叶，形成了一片片浓郁的树荫；秋天风高气爽，霜色洁白；冬天溪水一落下去，水里的石头就露出来了。这是山间四季不同的景色。在这里，春景的明媚，夏景的热烈，秋景的高洁，冬景的含蓄，只要是细心者就能感受到它的不同美色，这是我们欣赏自然美时首先要掌握的“诀窍”。

再次，欣赏自然美，要注意情与景的关系。同一自然景物的美对怀着不同感情来欣赏的人就会不同。自然景物的特点，往往被看作人的精神。人们赞美山的雄伟、海的壮阔、松的坚贞、鹤的傲岸，同时也是在赞美人，赞美与自然特点相吻合的人的精神：雄伟的壮志、壮阔的胸怀、坚强的性格、傲岸的情操。

此外，**我们在欣赏自然美时切记要有健康、乐观的精神，时时把情感与景物交融在一起，把眼前的景物同心灵美的人联系在一起。**我们不能单纯地迷恋于自然美之中而忘记生活在这块土地上的人，忘记用辛勤和智慧装扮和改造自然的劳动者。这样，才称得上是真正善于欣赏自然美景者，才会在自然界中发现新的美的景物。

温馨提示

伴随着人们改造和征服自然的活动，人的感觉能力也得到丰富和提高，自然界已不仅仅只是劳动的对象，而且还成为人们进行审美活动并从中获得美的享受和启示的对象。

学会了如何欣赏自然美，我们可以从欣赏自然美的过程虽，在大自然中陶冶情操，净化心灵。

首先，欣赏自然美可以使我们的生活丰富多彩，充满情趣，使我们得到积极休息，促进身心健康。紧张的学习之余，利用节假日与亲友或郊游，或旅行，登山涉水，呼吸清新的空气，领略桃红柳绿、鸟语花香的美景，会使我们心旷神怡，感受到生活的充实和美好。甚至在业余时间浏览一些山水花鸟绘画也有同样感受。古人将观看山水画比作“特健药”，这是有道理的，历来书画家大都长寿就是证明。

其次，欣赏自然美可以陶冶性情，开阔胸怀，砥砺品行，增强识别美丑的能力，有助于培养崇高美好的情操。自然界生机勃发，万象更新，时时处处充满着活跃的生命与瑰丽迷人的景致。有“乱石穿空，惊涛拍岸”的奇崛热烈，也有“大漠孤烟直，长河落日圆”的肃穆雄浑；有“杂花生树，群莺乱飞”的江南春景，也有“千里冰封，万里雪飘”的北国风光。我们体会过或想象过身临其境时不同的感受与启示吗?就拿菊花来说吧，它具有傲霜斗雪的特点，而且即使枯萎，却清香如故，花朵也不散落于地。欣赏菊花时常常使人们联想到历史上民族英雄以及他们不屈的民族气节，激发了我们对祖国大好河山的热爱，培养了我们爱国主义的高尚情怀。

当青少年朋友学会欣赏、品味那丰富多彩的自然美时，会情不自禁地诱发我们心灵深处的美好品德，加深对自然奥秘的思索，增强我们坚韧奋发、积极进取的生活斗志，在潜移默化中提高文化素质，开阔胸襟，陶冶性情，砥砺品行，培养崇高的情操。

2. 崇尚心灵之美

一个人内心世界的美往往比外表的美更有力量。人的言论和行动，透露出内心世界的状态，表现出人的心灵的美与丑。

每个人的容貌都不一样，有的漂亮，有的一般。漂亮的容貌给人以愉悦的感觉，但它仅仅只是美的一个方面。比如一个容貌漂亮的姑娘，如果不懂得尊敬老人、孝敬父母，文化教养差，我们就不会觉得她美。我们追求美丽的容貌，更要崇尚美丽的心灵。

“交响乐之父”贝多芬，是一位伟大的音乐家，他的《田园交响曲》、《第九交响乐》、《命运交响曲》等作品至今仍然受到人们的喜爱。每当提起贝多芬，人们常常想起的是他动人的乐曲和他与命运抗争的坚韧顽强的精神。但是谁也没想到贝多芬竟是一个矮小个子、大脑袋、扁鼻子、脸上还有几粒麻子的人。许多名垂青史的人如岳飞等，我们现在根本就无法知道他们的容貌如何。但是，他们的爱国主义情怀和为国家民族利益而勇于牺牲的精神一直以来是我们学习的榜样。由此可见，心灵美是容貌美根本不能比的。

心灵美是人所特有的一种内在精神美。它是一个人的思想、性格、道德情操、理想和文化修养等的全面表现，它影响一个人的言谈举止、衣着打扮和性格等。

心灵美的表现形式是多种多样的。心灵美虽然不如外在美那么一目了然，但是，一个人在生活中的言谈举止和衣着打扮却能够反映出他在各方面的修养。也就是说，只有美的心灵才能有美的言谈举止。

语言是心灵的窗户，从中我们可以窥测到一个人的道德、修养和情操。同时语言又是交际的工具，它可以使我们得到尊重，也可以使我们失去友谊。

在《说岳全传》中有这样一个小情节。牛皋骑在马上向两位老者问路：“呔!老头儿，爷问你，小校场往哪里去的?”而岳飞截然不同，他见到老者，先是下马，然后上前施礼，问道：“不敢动问老丈，方才可曾见到一个黑大汉，坐一匹黑马，往哪条路上去的?望乞指示!”

两种完全不同的态度得到的反应是截然不同的，反映出岳飞与牛皋的两种不同的修养。在素不相识的情况下，“会说话”的人，往往容易博得别人的好感。而“不会说话”的人，则会令人反感和厌恶。

可见，语言不仅能反映人的心灵美，而且在交往中也容易赢得尊重。试想，一个人既有健美的体魄，又有真才实学，并且谈吐优雅得体，岂不是锦上添花!

温馨提示

与外在美相比，心灵美所形成的美感要更强烈、更持久、更深刻，因而可以在人的精神上形成一种推动力。

实际上，我们常常听到各种谚语、歇后语、民间故事等，其语言生动、朴实、风趣、简洁，如果我们能正确加以运用，我们的语言就会变得美。我们应该注意在谈话时不要说脏话，不带流氓腔，不吹牛，这样就会显得有教养。

风度与心灵美。每一个人都希望自己风度翩翩，青少年更是如此。在生活中，有的人潇洒，有的人稳重，有的人敏捷，有的人文静，有的人诙谐幽默。人们讲究风度，是把它看成美的一种象征。那么，什么是风度呢?什么样的风度给人以美感呢?这也许是我们最感兴趣的问题。

所谓风度，简单地说，就是人的言谈、举止、态度、气质所表现出来的美，这些都是在待人接物的过程中表现出来的。**一个人，纵使有好的容貌，但他不一定有风度。相反，容貌差一点，却不一定没有风度、气质。**曹操个子比较矮小，所以，在匈奴使者来拜见的时候，他让崔琰冒充自己，自己则立刀在崔琰身边扮成卫士。接见之后，曹操派人探听使者的反应。使者说："魏王雅望非常，其床头提刀人，此乃英雄也。"可见，身材、相貌、服装等并不能掩饰一个人的风度。

坚毅的性格也是一种有风度的表现。日本影星高仓健扮演的众多银幕形象，给人一种刚强坚毅的深沉美。他坚韧不拔的毅力、坚定不移的信心，给人以强烈的震撼。

风度也与衣着打扮有关。衣衫不整、蓬头垢面的外表，会给人一种不尊重他人的印象，这样的人同样也得不到别人的尊重，更谈不上什么风度。

风度与人的职业和年龄有关。外交家有外交家的风度，教授有学者风度，指挥若定的将军，人称有大将风度，年纪大的人有长者风度。"观棋不语真君子，落子无悔大丈夫。"不仅是棋手要讲风度，连观众也要讲风度。同样，我们的青少年朋友们也应该有自己独特的风度：开朗的性格、朴素大方的打扮、文明的语言、勤奋好学的精神。

所以，让心灵的美好在成才之路上助我们一臂之力。

3. 欣赏艺术之美

各种艺术形式都存在美，艺术美可以征服打动我们的心灵。可以说，有了艺术美，人类社会才可能是文明社会，人们的心灵才可能成为性情的家园；相反，如果没有艺术美，人类社会就永远也不会走出野蛮的时代，人们的心灵也将永远是一片荒漠。

艺术美是自然美的再现。大自然的美景数不胜数，但是每天日出日落的景色都不尽相同，这是因为，自然美景由于时间、气候和观景人的不同而不同，而且不再会重复出完全一样的景致，而人却需要用各种方式去再现它们，以重温当时美好的感受。

我们都有这样的经历，当我们游览某个美丽的景点时，以前游历此地的情景会浮现在我们眼前。由于此时的心情不同于当初，对周围美景的感受也就不同于当初，而且，在时光的流逝中，记忆会逐渐变得模糊不清。艺术则能使这种记忆得以固定并永久保存下来。

我国古代的山水诗就是一个典型的例子。杜甫的《白帝》与《白帝城最高楼》两首诗就是在不同的心情下从不同的位置对同一景物的观赏，其观赏时的感受也是不同的，作者抒发的情怀也是不同的。在《白帝》中作者以白帝城的暴风骤雨来比喻唐代社会的战乱动荡，以荒村的萧条凄凉，比喻“安史之乱”后国家的满目疮痍，表达了作者面对社会动荡的感伤和叹息。而在《白帝城最高楼》中作者登高望景，顿感心绪的宽阔，但是国家的动荡又使他痛心和怅惘。与《白帝》相比，作者在这里更多地表现出来的是对自己已年逾半百而无力去平乱定国的无奈情绪。在阅读这两首诗时，我们不仅可领略到白帝城的景色，更重要的是我们透过诗句与作者进行了感情交流，体会到作者忧国忧民的焦灼心情。

艺术美高于生活美。为什么这样说？主要体现在以下两个方面：

一方面，艺术美，正如前面所说的那样，具有永久性和普遍性。**对于每一个欣赏者来说，艺术使他能摆脱时间的限制，获得与作者相同的审美享受的自由。**

怀念美好过去是人类的共同心理，如同成年人总是爱怀念自己的童年一样，但是，几千年的历史不能重演。然而，我们可以通过欣赏《希腊神话》和《隋唐演义》等艺术作品，了解当时人们的生活、情感和社会风貌，并从中受到启示。

另一方面，艺术美比现实美更集中、更强烈，它并不是对生活美的简单复制，而是经过艺术家的加工和创造，使生活美更加突出和鲜明。它把生活中分散的美集中为一个完美的整体，这其中就融入了艺术家的感情和想象。如《天鹅湖》中的4只小天鹅的舞蹈所表现的各种姿态，便使我们从天鹅身上看到了人的特点。艺术美融入人的感情和智慧，这是自然美无法比拟的。

正因为如此，艺术美能使人们获得一种强烈的感染力。

温馨提示

我们应该多学审美知识，培养对艺术的兴趣，用人类创造的灿烂文化熏陶自己，这也是达到心灵美的重要途径。

与外在美相比，心灵美所形成的美感要更强烈、更持久、更深刻，因而可以在人的精神上形成一种推动力。

怎样欣赏艺术美呢?下面选择几种我们熟悉的艺术形式作些介绍：

（1）**文学**

文学是以语言文字构成形象来表现生活、表达感情的艺术形式。我们欣赏文学作品，要通过想象使自己进入艺术境界，所以它是一个再创造的过程。文学作品包括小说、诗歌等。

小说的特点是通过塑造人物来表达感情。我们读小说，要凭自己的经验去体会作品当中人物的经历、行为、心理活动，从而达到感情上的共鸣。如欣赏《钢铁是怎样炼成的》，我们就要体会当时情形，思索保尔为什么具有坚强的革命意志，这样才会产生心理上的震撼。

诗歌的特点是抒情。无论是哪一类形式的诗歌，它总是最富有激情。朗读诗歌不是“叫喊”，而是要带着浓烈的激情去体会、表达。如读屈原的《离骚》，只有使自己的感情与诗人的爱国深情一起沸腾才能领略到它的美。

（2）音乐

音乐是通过节奏和旋律构成音乐形象来表达人的感情的艺术形式。欣赏音乐的时候，要透过它的节奏、旋律仔细体会所表达的精神内容。如《我爱长江，黄河》营造了一种庄严、崇高的意境，而《绿岛小夜曲》则表达了宁静、舒缓的格调。

欣赏音乐的时候，要想真切感到美的享受，我们必须运用多种感官，并进行联想。否则只能是听到“声音”，而不是“音乐”。联想能帮助我们在头脑中构成一幅幅真实可感的画面，进而将这些画面同自己类似的经历相联系，并思索其中的意义。

（3）绘画

绘画是通过色彩、线条、块面等手段再现现实生活中的美。它属于造型艺术，具有独特、逼真的表现力，使欣赏者如见其人、如临其境。

欣赏绘画同欣赏音乐一样，我们同样需要调动各种感官并运用联想。这样，我们不仅可以感受到画面本身所表现的美，而且可感受到画面之外所表现的美。有一名画《深山藏古寺》，画面上并没有古寺的形象，只有一条清澈的小溪，蜿蜒于重峦叠嶂之中，小溪边，有一个小和尚在挑水。这是多么巧妙的构思!我们仿佛听到深山里传出的古寺的钟声，余音在耳，悠悠不绝……从画里我们同时也可感受到画家宁静、淡泊的胸怀。

温馨提示

艺术来源于生活，青少年朋友学会欣赏艺术的美，就能更加热爱生活中的美，而唯有热爱生活中所有的美，才能激发我们永不停息的创造欲望和人生追求。

二、爱美、知美与会美

美有火之热情，美有冷静之头脑，美有冰雪之聪明，美有自由之规律，美有天地之真诚，美有极端之善意，美有至乐之境域。

照天性来说，人人都是艺术家。无论在什么地方，人总是希望把“美”带到生活中去。

阳光明媚、鲜花开放、莺歌燕舞是美的；千里冰封、万里雪飘是美的；“大漠孤烟直，长河落日圆”是美的；“孤帆远影碧空尽，惟见长江天际流”是美的；“横看成岭侧成峰，远近高低各不同”是美的……

古希腊人强健的体魄是美的；东方女性端庄的面庞、迷人的微笑、柔和的身体曲线是美的；天真活泼的孩童，饱经沧桑的老人，成熟沉稳的中年人皆是美的；款式多样、色彩丰富、质料各异的服装是美的；色香俱全的各地风味食品佳肴是美的；春节、清明、中秋、重阳节日的气氛及丰富多彩的活动是美的；激烈的足球和篮球比赛、美丽的冰上舞蹈是美的。

荷马的史诗、二胡曲《二泉映月》、芭蕾舞《天鹅湖》、《国际歌》、《黄河大合唱》、《巴黎圣母院》、达·芬奇的《蒙娜丽莎》、徐悲鸿的《奔马图》……千百年来世界各国流传下来的神话、诗歌、小说、戏剧、电影、电视、绘画、雕塑、音乐、舞蹈、书法等艺术作品无一不令人感到美的震撼、美的感染、美的陶冶……

今天的青少年，明天的人才，要爱美、懂美、会美，让美装点生活，陶冶自己，也让自己不断创造新的美好。

1. 爱美是人的天性

人们常说：爱美之心，人皆有之。这说明爱美是人的天性。确切一点应该说，**爱美是一种天性，是人特有的精神向往**。一部人类文明史，充分展示了人本质上都是艺术家，总希望把美带到自己的生活中去。

社会的进步和文明，就是人类对美的追求的结晶。如果一个人来到世上，只是为了生存而忙碌：求知、工作、竞争都不过是为了物质的需要；成家、婚姻、生儿育女，都不过为了种族的繁衍，那么，人与动物并没有什么区别，作为人的价值和特点，无从体现。如果人类只是被动地活着、繁衍着，那么人类或许永远不可能与猴子告别，永远不会创造、不会进步、不会有语言、不会有思想。

人之所以为人，就在于能够不断地以认识和理性去确立自己在自然和社会中的主体地位，从而赋予生命以意义，使艰苦的物质劳动注入了精神创造的喜悦。人之所以为人，就在于他们能够摆脱纯物质的生产，摆脱纯功利的尺度而追求更高的境界——按照美的尺度来衡量一切事物，按照美的规律来创造美的生活。从这个意义上讲美是人生最高境界，堪称人生真谛。人们在一生中追求真善美，其实都是在追求美的过程，因为真是科学之美，善是道德之美，美是真与善的统一与升华，使人与自然、人与人，以及自我身心高度和谐。

与童年时代相比，青年人不再满足于被动地让外部世界来唤起自己的情感，而是自觉地用自己的情感去拥抱外部世界，着意去体验这种情感。于是，他们发现了自然界的美，人体的美，发现了艺术的美，人性的美!同时，由于青少年处于童年到成年的过渡阶段，思维能力尚未完全成熟，他们往往更习惯和偏重于形象思维。美虽然是需要人去发现和感受的，但可供人把握的美都有自己的感情形态，没有一种美是看不见摸不着的，因而容易感召、打动年轻的人。

美与青少年的情感就是这样双向作用着，使青少年充分体验到人生的价值、意义和创造的欢乐。

在现实生活中，我们看到青少年拼命地汲取知识，大自然、书本、音乐、影视都是他们探索的对象，他们极愿意向人们倾诉内心的感受，更喜欢模仿他们认为美的事物。虽然对于未来漫长的人生，他们并无清晰的认识，但是他们有一种激情和冲动，那就是追求真善美，按照美的要求来安排生活、生命和人生。他们对于美的追求热烈而不顾一切。正如古希腊哲学家亚里士多德所说：“青年人追求美更甚于追求私利。”因此，**在青春的追求中，对于美的追求，是一种高尚的人生追求。**青少年时期是培养美感能力的最佳时期，也是培养美的情操的最有利时机，难怪有人说，青少年是美的使者。

青少年朋友们，爱美吧!不要总是说“人生好苦、好累、好难”，追求美，有了审美的享受，人生这项“沉重的劳动”才能化苦为甜，变累为轻松，由艰难走向诗意!美是一种神奇的力量，能唤起人对自己创造才能的惊奇、骄傲和快乐；美是理想的彼岸，能吸引人去奋斗、去创造、去发挥自己生命的能量。正因为有了美，人生才充满了幸福和快乐，成为一个美的历程。我们所生活的世界，本来就是一个缺陷的世界；我们所拥有的人生，本来就是一个充满缺陷的人生。正是生活有了缺陷，才构成了理想中圆满的希望，才产生了人生旅途中追求的兴趣。面对种种的缺陷，我们不应去怨天尤人，无所作为，而应去着力弥补它，这个弥补的过程，也是爱美、感受美、鉴赏美、创造美的过程。

青少年时期是人生最美好的时期，也是人最热烈地、最大胆地追求美、向往美、创造美的时期。在这一时期，青少年要努力培养自己的审美能力，使自己爱美、知美与会美。

2. 爱美就要知美

虽然我们中的每一个人都有爱美之心，每一个人也都在有意无意地去创造美，但是否能得到美的享受，能否达到美的境界，达到什么样的美的境界，人与人之间却有着很大的差异。

（1）知美——提高对美的感受力

审美感知并不是天生就有的，而是在有意无意的审美活动中发展起来的。要有对美的敏感性，就要饱含兴趣，满怀情趣地去注意大自然、社会和各类艺术，有充分的审美准备，时刻以审美态度对待生活，投入感情，以情带动我们的审美感应，美便到处都能发现，而经常地注意发现美，又反过来强化审美的敏感性，对美的感受力自然会越来越强。如果你根本不想去感受美，你的审美感知对美紧闭着，审美感知自然就无从发生了。青少年提高对美的感受力要从以下几个方面着手。

①走向大自然，培养自己对自然美的感受能力。大自然中，到处都存在着美的东西。江河湖泊、田野山川；朝霞彩虹、白云蓝天；皓月繁星、曙光初露；山花烂漫、杨柳依依；飞流直下、波涛连天；芳林秀木、异卉奇葩；莺歌燕舞、龙腾虎跃；泉水叮咚、鸟语花香。**只有投身于大自然中，才能感受到这些缤纷多彩的自然美景**。在欣赏大自然的美景中，最好能用充满激情、简练的语言或具体、生动、形象的诗词名句描述自然风光，使之情景交融，把思想感情带到自然优美的境界中，启发自己的灵感和想象力，加深对自然美的感受，把对自然美的情绪体验逐步发展为对故乡、对祖国大好河山的依恋和热爱。

②投身社会，提高对社会美的感受力。人类社会生活广阔无比，错综复杂，包罗万象，五彩缤纷，具有无限的丰富性和多样性。其中在以人与人的关系为中心的社会生活中表现出来的美叫社会美或生活美。青年人要留心观察社会，通过读书、看报、看电视、参加社会实践，去感受社会中美好的东西。

社会美与其他形态的美一样，有其内容和形式两个方面，在欣赏中要注意区分。内容美就是心灵美和思想美；形式美就是行为美、语言美、仪表美和环境美。心灵美和思想美是内在本质的美，是起决定作用的。不论是战斗英雄、劳动模范、先进工作者，还是普通的干部、工人、农民、战士，他们在建设祖国，保卫祖国的事业中，在平凡的日常生产劳动、学习、生活和工作中，涌现了许多美好的思想行为。正直诚实、热情谦虚、勇敢坚强、见义勇为的优秀品质，热爱祖国、热爱劳动、热爱人民、尊老爱幼、救死扶伤、助人为乐的高尚情操，举止稳重、文明礼貌的行为以及亲切和蔼的语言，匀称健美的体态，端庄的仪表，朴实大方、穿戴得体的服饰等都给人以美的感受。

③实践艺术是提高自己对美的感受能力的有效方法。人们在长期的生产、生活中，把自然美和社会美进行提炼加工，创造了艺术美。艺术美更加完善，更加集中，更加典型，更加具体、生动、形象，是真善美的统一。青少年要多接触艺术，学习艺术，实践艺术。

阅读文学作品是提高自己对美感受能力的一种方法。对于好的作品不仅要多读，而且还要分析作品的精美之处。同时，在阅读文学作品时还应注意比较不同文学作品的高低优劣，这样对美就会有了把握的尺度，感觉上会更加敏锐。

温馨提示

人们正确认识美一个很重要的方面在于人的知美的水平，即感受美、鉴别美、欣赏美的水平。青少年应不断地提高自己的知美水平。

（2）知美——提高对美的理解鉴赏力

在审美活动中，我们对事物美的感知，仅仅是美感的初发阶段，这种对美的感受是低层次的，要想获得更强烈的美感感受，鉴别美的层次，区分美和丑，就必须进一步理解美，即在审美感受基础上，继续去把握事物美的内容、内涵和意味，做到下几点。

美是复杂的，每一种具体的美都要具体地分析。对于美女的描述，在先秦时期，人们以“苗条”作为女子体形审美标准，《诗经》中就写到“窈窕淑女，君子好逑”，然而到了唐代，人们的审美标准发生了很大改变，以“丰肥”为美了。我们现在所见到的唐人绘画，其中美女无不是“曲眉丰颊”“丰肌肥腴”。

时代不同，审美标准和观念是不一样的，因为不同时代的艺术有着不同时代的经济和政治状况。在理解鉴赏美的同时一定要注意这些区别。不同的民族，审美观念、审美理想和审美情趣也有着许多差别。由于每一个民族都长期生活在共同的领域，过着统一的政治经济生活，接受着共同的语言和文化传统，具有历史积淀的民族心理，所以造成了审美意识浓厚的民族性。这种审美意识的民族个性，表现于民族生活的各个方面。

非洲的班团妇女，喜欢在腰间缠绕艳丽的大花布；苏格兰的男子则喜欢穿花格子的短裙；阿尔及利亚南端的图阿雷格人，无论男女都习惯披蓝色的披肩，等等。我国是个多民族国家，各民族都有自己的民族服饰。汉、满族妇女在历史上曾喜欢穿旗袍；朝鲜族妇女喜欢穿白色或粉色的长裙；藏族则穿黄色的藏服；蒙古族却穿褐色或绿色的大袍。

不同阶层的人，审美标准也是不一样的。如上所述，它是由一定阶级的社会物质生活条件所决定的，并为一定阶级的意识形态所制约。

俄国作家车尔尼雪夫斯基曾具体分析过乡下农民和上流社会的人，对于“美”的两种截然不同的审美观念和审美感受。乡下农民认为体格强健，长得结实，具有鲜嫩红润的面色的女人才美，而那些“弱不禁风”的上流社会的人，断然是不漂亮的，因为“消瘦”不是疾病就是“苦命”的结果；与此相反，对于上流社会的人来说，他们的看法就完全是另一个样子了。在他们眼中，“病态、柔弱、慵懒”也有美的价值，因为上流社会的人“无所事事和物质的优裕而常常百无聊赖”，“他们不知有物质的缺乏，也不知有肉体的疲劳”。

> **温馨提示**
>
> 美感是以理性为主导的感性与理性高度统一的意识活动。在审美活动中，不论欣赏和认识哪一种美，都离不开理性的思考。

对自然的欣赏，只有当人们认识到“自然造人，人造自然”的哲理，认识到自然美的社会性，才能得到更深层次的情感的感动，并热烈地赞美它。对于社会美的认识，则更需借助于理性的思考和思想的活动。社会美总是表现于社会关系中人的性格美、精神美和心灵美，我们必须透过人的外在语言、行为、态度和作用，才能了解人的思想、品质和情操。从人的个性美来认识他所充分体现的社会关系美的普遍性。对于艺术美的欣赏，需反复琢磨，仔细品味，深刻认识它所划分出的多种多样美的范畴，进而深入挖掘其内涵，才能获得正确的情感理解，产生强烈的“共鸣”。因为各类艺术作品中的形象，都不是生活现象的简单抄袭，而是经过作者精心选择、提炼、加工改造的典型形象。它一方面再现出社会生活的审美属性，另一方面又体现了作者的审美理想、审美道德和审美情趣。

因此，青少年要提高审美理解力和鉴赏力，不妨从这三个方面去努力：一是努力提高自身的文化道德素养和文化艺术修养，勤学、勤练、勤思，成为一个知识广博，感情丰富，有独到眼光的人；二是要有目的、有意识地训练自己的思维品质和思维方式，广泛地与大自然、与社会、与艺术接触；三是要丰富内在的情感生活，积累审美经验，善于将感受导入理解，学会在形神的统一、情理的统一之中来认识美。

3. 爱美、知美和会美

著名哲学家狄德罗说：“艺术鉴赏力究竟是什么呢?就是通过掌握真和善（以及使真或善成为美的情景）的反复实践而获得的能力即为美的

事物所深深感动的那种气质。”

爱美、知美，目的就是为了更好地去创造美，即会美。正如航船需要方向一样，创造美也需要目标。审美理想是人们在生活中所追求、向往的一种完美的生活境界。

（1）提高创造美的心理素质

美的创造不仅受审美理想指导，而且和主体的心理素质有密切联系。在创造过程中，感知、想象、情感、理性等心理因素相互渗透，综合起作用。

①要有丰富的情感。因为从感知开始就伴随着情感，理性因素也融化在情感中，想象更是以情感为动力。审美主体的情感素养决定着美的事物的感染力。在美的创造中，特别是艺术美的创造中，情感作用表现得很明显，法国启蒙思想家狄德罗曾说：“没有感情这个品质，任何华丽的语言都不能打动人心。”俄国文学家别林斯基也说过：“没有感情，就没有诗人，也没有诗歌。”

②美的创造离不开想象。缺乏想象的人不能获得超越时空的精神自由，因而创造的美往往是表层的、肤浅的。而有想象力的人把情感、理性、感知联结起来。**青少年时期是人的一生中感情最奔放、想象最丰富的时期，因此在创造美的过程中，要充分发挥这种优势。**

（2）在实践中塑造自身美好形象

一个人美不美，不能只看外表穿戴打扮，更要看心灵。我国有句成语，叫作“秀外慧中”。“秀外”，即仪表美；“慧中”，即心灵美。“秀外”和“慧中”都能给人以美感，但性质和程度是不同的。“秀外”只能悦人耳目；“慧中”才能悦人肺腑。如果人打扮得漂亮时髦，但思想情操却很低劣，言谈举止也很粗野，这叫作“金玉其外，败絮其中”、“绣花枕头——一包糠”，并不是真正的美。

①仪表美，就是在外表上给人以美的享受。对于青少年来说，主要是八个字：自然大方、整洁明快。同青少年纯洁、活泼、可爱相适应，

可选择式样新颖，色彩鲜明素雅，既具有民族特点，又符合青少年个人情趣的服装。

②心灵美，就是注重自己思想、情操的培养。每个青少年都应使自己具有崇高的理想和信念，具有热爱祖国、热爱社会主义、热爱集体、助人为乐、正直诚实、谦虚好学、艰苦朴素、言行一致的优良品德和作风。

③语言美，就是要做到说话言之有理、言之有礼、言之有心、言之有情。人的语言是品德修养的一面镜子。语言是心灵之窗，透过这扇窗户，能够窥察一个人的思想品德和文化修养，甚至可以看到一个国家的文明程度和道德风貌。热情的鼓励、彬彬有礼的谈吐、运用美的语言可以使人们和睦相处，亲密无间。与此相反，冷淡、生硬、粗俗，甚至蛮横无理的语言，将会使亲人相背、朋友寒心，成为冲突和对骂的导火线。

温馨提示

青少年在日常生活中一定要注意做到文雅、和气、谦虚，使用规范性的礼貌语言，特别是用好“请、您好、对不起、谢谢、再见”这十字文明礼貌用语。

④行为美，使自己在体态上要健美。人的一举一动，既包括静态时的姿势美，也包括动态时的动作美，这种美同人的内在品质、精神素养有着密切的联系。

人们常说的“坐有坐相，站有站相”，就不光是表现了人外在的姿势美，还更多地表现了人与人之间的礼仪要求和道德规范。

因此，青少年要训练和培养自己在日常生活中的文明行为和举动（包括站、坐、行等）。

（3）在美的创造中遵从形式美的法则

虽然美的内涵是那么丰富，但在日常生活中，人们依天性所能感觉到的，凭直觉能被吸引住的最明显的美多是一种形式美。**形式美的法则来源于美的创造的实践，它是人类在创造美中动用形式规律的经验总结，是一种明显的美的形式。**形式美又分为外在形式和内在形式。外在形式指事物外部形象的具体形态，比如色彩、形状、声音等；内在形式指事物内部的组合关系，如主次关系、对应关系、多样统一等。

①遵从外在形式美法则。美的外在形式多种多样，从色彩上来说，不同的色彩给人以不同的感情联想与心理感受。如白色给人洁净的感觉；黄色象征高贵、神圣；红色象征光明、热烈、忠诚；绿色象征和平等，这些都能给人以不同的美感。

从形状上看，直线表示刚健，曲线显现柔和，波纹线给人以活泼的动感。线条的结合，线扩大而成平面，成为立体都有独特的审美意义。

从声音上说，雷声隆隆，水声哗哗，蛙唱鸟鸣，树叶沙沙，人喊马嘶，虎啸猿啼……自然界的声响有的壮美，有的优美，有的神秘，有的威严，有的恬静，有的热闹，都能产生悦耳的审美效果。

②遵从内在形式美法则。在长期的审美活动中，人们发现形式美是有规律的。只要遵循这些内在规律，人便能创造美的形式；把握了形式美的规律，灵活巧妙地运用各种形式要素，就能为这个世界创造美。

法国雕塑家罗丹曾说：“艺术就是情感。如果没有体积、比例、色彩的学问，没有灵敏的手，最强烈的感情也是瘫痪的。”**善于驾驭形式，使内容与形式完美结合，这是艺术家创造性劳动的标志。**高尔基曾说：“我所理解的美，是各种材料——也就是声调、色彩和语言的一种结合体，它赋予艺术的创作——制造品——以一种能影响情感和理智的形式，而这种形式就是一种力量，能唤起人对自己的创造才能感到惊奇、自豪和快乐。”因此，自觉遵循形式美的法则，自己才能创造一个美的世界。

（4）进行艺术创造

艺术对青少年的吸引力是无比巨大的，它向青少年展示了一个五彩缤纷美的世界。我们不仅从小就开始学习艺术、实践艺术，而且也大胆地进行着艺术创造，发挥着自己与众不同的创造潜力，展示着自己对艺术追求的独到之处，从而涌现出了很多的小诗人、小画家、小演奏家、小书法家、小摄影家。当我们看到、听到自己的艺术创作时，会感到由衷的喜悦，会不自觉地形成一种艺术精神和艺术气质，这是一种极其珍贵的人生财富。正如著名画家潘天寿所说：“艺术是人的精神产品，反过来又提高人的精神境界，从事艺术是教育别人，也是一种自我教育。”

爱美、知美、会美，当更多的青少年都投入到追求美的队伍中，当更多的青少年具备了审美素质之时，我们不难相信，跨世纪的中国必然有一个美好的前景!

有了审美理想，青少年就能够明确美的创造目标，而且可以成为激发创造美的动力，把人生提高到一个新的境界。

三、审美能力的培养

19世纪法国伟大的雕塑家罗丹说过：“美是到处都有的。对于我们的眼睛，不是缺少美，而是缺少发现。”现实生活中的美是丰富多彩、无穷无尽的，问题在于我们是否能够发现它。要欣赏音乐的美，必须有富于音乐感的耳朵；要欣赏绘画的美，必须有能感受形式美的眼睛；否则，最美的音乐和绘画，也不能成为我们的审美对象，对我们也是毫无意义的。这就是说，青少年朋友要发现美、欣赏美，就必须具备一定的审美能力。

1. 审美感受力的培养

不论是现实美，还是艺术美，它们都表现为具体可感的形式。**美是生动的形象，它决定人们的审美活动用形象思维的方法，要把握它、领悟它。**这种直观形象的心理活动，就是审美感受力的表现。

形象感受力作为审美活动的一种心理功能，是指人们直接通过视觉和听觉获得美的事物的完整映象和总体感知。我们观赏风景，不是只看一株树，一块石，一条溪，而是将它们放到山石林泉的特定背景中，欣赏某一自然画面。我们欣赏音乐，听到的不是各不相干、没有意义的单纯音响，而是由节奏、旋律、音色等有机构成的、富有表现意义的乐章。我们欣赏诗歌、小说，读到的不是一大篇胡乱堆积的词语和句子，而是通过语言描绘能够唤起生动的“内心视象”的文学作品。我们欣赏绘画、雕塑，看到的不是杂乱无章的线条、色彩、形体的拼凑，而是可以直接感知的、有意味的视觉形象。

审美感受要从整体上感知美的事物，但不等于把客观事物巨细无遗地都复印在头脑里。看一个人的审美感受力是不是敏锐，主要是看他能否发现此物区别于彼物的独特性格。有了独特的感受和发现，才算真正把握了美。如果人云亦云，用别人的眼睛看事物，那美就不属于你。这在艺术家身上表现得尤为鲜明、突出。正如雕塑大师罗丹所说：“所谓大师，就是这样的人，他们用自己的眼睛看别人看过的东西，在别人司空见惯的东西上能够发现出美来。”又说：“在艺术家看来，一切都是美的，因为在任何人与任何事物上，他锐利的眼光能够发现‘性格’……”

印象派绘画的创始人莫奈曾到英国伦敦游历，画了著名的威斯敏斯特大教堂，画面上教堂的哥特式的尖顶上空笼罩着紫红色的雾气，时隐时现，色彩丰富，诗意浓郁，非常精美。这幅画展出时，观众看了大为惊讶：怎么本来都是灰蒙蒙的，在画家笔下却成了紫红色的？一定是他看错了！可是，人们走出展览大厅，仔细看看伦敦的上空，简直不相信自己的眼睛了，发现那雾的确是紫红色的。从此莫奈被人誉为“伦敦雾的发现者”！这些生动的事实告诉我们，作为一个美的鉴赏者，一个艺术家，他们都具有特别敏锐的感官，能够以自己独特的眼光去发现美，并深入地感受它，进而开拓出美的新天地。

前苏联著名教育家苏霍姆林斯基曾说：“对所见所闻的观察，倾听和体验，犹如通向美的世界的窗口。所以，我们认为很重要的一项任务，就是教会孩子能看到和感受到美，而待他们有了这些能力之后，则要教会他们保持他心灵的赞美之情和善良之意。”

美是通过人的视听感官进入人的心灵的。感知美和领会美，是提高审美素质的基础和前提，是审美能力的核心。离开这个前提和基础，我们就不可能热爱美、理解美和创造美。当然，人们对美的感知不同于动物式的、粗陋的感觉，而是人的一种社会意识活动，其中积淀着一定的理性思考的因素，但它毕竟是侧重于感性直观的。因此，青少年朋友只有把对美的形象感受与情感体验、想象、认识等心理功能有机地结合起来，才能真正达到审美判断、艺术欣赏的境界。

温馨提示

人们只有从整体上感知美的形象，才能进入美的领域，并进而领略美的内涵，增强审美的能力。

2. 审美想象力的培养

想象（包括联想）是一种创造性的思维活动，是审美活动中的一种重要的心理功能。西方学者往往把想象与形象思维看作是一个东西，法国诗人波德莱尔甚至称它是“人类一切功能中的女皇陛下”。可以说，没有想象就没有审美鉴赏和艺术创造。

想象一般分为再现性的想象和创造性的想象。前者是指人们在经验记忆的基础上，重新再现客观事物形象的心理活动；后者是指对经验记忆的重新加工、改造和综合，创造出新的形象的心理活动。总的说来，审美欣赏是再现性的想象占优势，艺术创作是创造性的想象占优势。但是，两者又不是截然分开，而是相互渗透、相互转化的。再现中有创造的因素，创造中有再现的成分。审美欣赏中想象虽然基本上属于再现性的，但在一定意义上又是再创造的活动。

对于欣赏艺术与美，应该是主动积极地“再创造”，而不应是消极、被动地接受。从审美主体看，人们总是以自己的生活经验为依据，受主观情感的驱使，发挥想象和联想的作用，在对象中发现和补充些什么，丰富和发展些什么，从而赋予它以新的活力、新的生命；从审美客体看，它潜藏着一种感染、诱发力量，可激发起欣赏者的想象和联想。如果我们的耳朵只是留声机，眼睛只是照相机，那么客观事物就不可能在头脑中“美”起来、“活”起来。

人们站在黄山玉屏楼前，看到天都峰与耕云峰齐天耸立，对峙相望，耕云峰有块岩石凭空伸向天都峰，诱发了游人的想象，名之曰“松鼠跳天都”。一只活泼可爱的松鼠，翘起尾巴，跃跃欲试，仿佛要跳过万丈巨壑，到那高山云中的天都峰去领略一番黄山风光。由于想象的作用，本来是那么一块顽石，在我们的头脑中却变成了一只飞腾、跳跃的“松鼠”。

昆明石林的阿诗玛岩柱，以普通的眼光来看，不过是一根僵硬直立的岩柱。可是，当我们进入那诗情画意般的境界，以饱含感情的眼光去凝神观照它，丰富的想象展开了：高高的石柱似乎变成了随风飘舞的裙带，顶端那本来不太规则的石块似乎变成了少女美丽的鹅蛋脸，她似乎正在唱着动听的山歌。这样，一块无生命的顽石幻化为一个美丽善良、青春焕发、能歌善舞的苗家姑娘。在整个欣赏过程中，石头的特异形态诱发了人们的想象，人们的想象又补充、丰富和发展了它。自然物经过想象的加工、创造，成为源于自然而又美于自然的再现形象。

温馨提示

艺术的以少胜多，以一当十，实中有虚，所以能产生强烈的审美效果，原因就在于它能充分调动欣赏者的想象力，“妙想”而“迁得”，领悟其中的“言外之意”、“弦外之音”、“象外之旨”，发现它没有直接告诉我们的东西。

造型艺术为人们提供了可视性形象，它抓住运动中的某一刹那，把形体常驻化，成为静态造型，但我们却可以通过它那“不到顶点”的动势，“富有色孕性的瞬间”，想象出物体的运动、变化的过程。“咫尺应须论万里”，进入“无画处之妙境”。罗丹在其《艺术论》中说，他看到吕德塑在巴黎凯旋门墙上的《马赛曲》，似乎听到胸前披着钢甲、展开双翼飞腾的自由女神发出震耳欲聋的呼喊：“武装起来，公民们!”于是，经她一号召，战士们纷纷走向前来，那个有着狮子般的髭须的高卢人挥动着帽子，在向自由女神致敬，他的小儿子要求同去：“我已够强壮的了，我是一个男人，我要去打仗!”骄傲而慈祥的父亲说：“来吧!”雕塑《马赛曲》在罗丹的生动、丰富的想象中，那静止的、并列的、瞬间的动作变成了运动的、连续的“长久的动作”、“无声的画”变成了“有声的诗”。这是何等有声有色、威武雄壮的动人场景啊!相反的，如果我们的思想刻板僵化，拘泥于事实、事理，缺乏审美想象力，那么再美的画，在自己的眼里，也会失去光彩；再好的诗，也会毫无韵味。张先《天仙子》词中有“沙上并禽池上暝，云破月来花弄影”一句颇为有名。对这句词王国维在他《人间词话》中解释的高明：“著一.弄.字，则境界全出矣!”张先用“弄”字来形容花朵在月下摇曳多姿的形态，把人们的想象激发了起来，通过“通感”（又称“感觉挪移”）这种特殊的想象活动，仿佛感到事物的无声的姿态转化为有波动的声音，在脑际呈现出月下风来，花随风动的生动景象。总之，人们通过想象活动，把自己的情感融注到对象中去，从而加深对客观事物的感受、认识和理解，从中发现更多的东西。正如雨果所说的：“想象就是深度，……没有一种心理机能比想象更能自我深化、更能深入对象。这是伟大的潜水者。”

综上所述，想象是人的一种重要的思维能力。**生活是想象的基础，情感是想象的动力，记忆为想象提供材料。**因此，青少年要尽可能地积累生活经验，丰富自己的情感，增强记忆力，以培养和提高想象力。

温馨提示

德国著名的文艺理论家莱辛说：“凡是我们在艺术作品里发现为美的东西，并不是直接由眼睛，而是由想象力通过眼睛去发现其为美的。”

3. 审美理解力的培养

认识或理解是审美判断不可缺少的心理功能之一。它一般是指理性思维，即在感性认识的基础上，以概念、判断、推理的形式对客观事物作出概括的反映，揭示事物的内部联系、本质和规律，从而获得更完全、更深刻、更高级的认识。审美活动在本质上是形象思维活动，有着自身的特点和规律，但总不能脱离人类的一般认识的规律，理性认识在其中也起着直接或间接的作用。

电影艺术运用蒙太奇手法，把不同画面加以分切、组合，虽然还是可视的、直观的形象，却表现了编导者对生活的认识、理解和主观评价。影片《白毛女》中有两个镜头的组合：一个是恶霸地主黄世仁在厅堂里兽性发作，强奸了喜儿；紧接一个特写镜头——厅堂上悬挂的大字匾额“积善堂”。这里没有插入旁白加以说明，我们却从画面的联结中，认识到反动地主阶级的伪善和凶残。由此可见，审美中的思维活动，不同于抽象的逻辑判断，它是通过生活本身的形象逻辑实现的。理性认识由于蕴涵于形象之中，就显得更为丰富、生动；形象由于渗透着理性，比单纯的感性认识就更为深刻。所以，审美欣赏能给人以精神上的愉悦和理性上的满足，取得“寓教于乐”的效果。

毛泽东同志在《实践论》中说：“感觉了的东西，我们不能立刻理解它，只有理解了的东西，我们才能更深刻地感觉它。”一般认识是这样，审美判断也是如此：**感性认识有待于上升到理性认识，而理性认识推进感性认识的深入，否则是不能把握美的内在意蕴的。**因此，审美活动不能光靠感官的直觉，还要靠心灵的思索，知识、理性的引导。

认识或理解的作用突出地表现在人们对审美对象的评价上。青少年在欣赏美的艺术作品时，一方面要“入乎其内”，进入“角色”，通过感受、体验，被对象所感染和吸引，产生感情上的共鸣；另一方面又要“出乎其外”，即在直接感受、体验的基础上，同对象拉开一定的距离。进行理智的、冷静的分析和思考，正确、深刻地理解对象的内容和性质，使欣赏活动沿着健康的道路发展，把共鸣与鉴赏统一起来。

这里应当指出的是，由于审美对象的性质、特点不同，认识或理解在欣赏中所起的作用是不一样的，应区别看待，否则我们就会犯牵强附会、微言大义的毛病。一般说来，对自然美、工艺品的欣赏侧重于形式美的感知，理性认识的因素就相对地弱些。对于有着重大历史内容的社会美和艺术美，则需在感受、体验的基础上进行理性的思考和探索，认识或理解的作用表现得非常明显、突出。试想，我们观赏一株牡丹花同阅读一部《战争与和平》，认识或理解在其中的作用的不同不是很清楚吗?另外，这种认识或理解不同于科学中的判断推理，往往难以用明确的逻辑语言概括出来，它只是把人们引入某种境界之中，产生一种理趣和意绪，品味、体会着人生的价值与意义、欢乐与痛苦、成功与失败、崇高与卑下……这种“言不尽意”的现象，并不意味着认识或理解在审美欣赏中不起作用，而是表明它不同于一般的理性认识，它是与形象感受、情感体验紧密结合在一起的。

温馨提示

审美活动始终不脱离具体感情形象，但其中渗透着理性，理性融于感性之中，认识寓于形象之中，两者有机统一，妙合无间。

4. 审美统摄力的培养

审美中的几种主要心理功能，它们既不是彼此独立，也不是界限分明、依次进行的不同阶段，而是有机统一、相互渗透、交互作用的。在审美欣赏和艺术创造中，感受、想象、情感、理解融合起来，构成一种“合力”。我们把这种“合力”称为“审美统摄力”。

众所周知以审美的、艺术的方式与理论的、科学的方式认识世界，虽然都能达到对于客观真理的认识，但两者在性质上是有所区别的。理论的、科学的方式不是从整体上，而是从特定的角度、方面，抱着特定的目的去认识事物的。它在感性认识的基础上，经过分析综合、判断推理，最后以内涵丰富、高度概括的符号、公式、定理反映出事物的本质和规律。如爱因斯坦提出的著名公式：E=mc2（能量=质量×光速的平方），仅有三个字母，就以其巨大的概括力，将整个自然界的质量和能量的转化关系科学地揭示了出来，导致了原子能时代的到来。植物学家研究一朵花，他必须对花瓣、花蕊、花托、花萼认真分析、解剖一番，然后得出它属于何科何目以及有何用途的结论。对于科学、理论的抽象概括能力，我们称为“概念统摄力”。审美的、艺术的方式则是从整体上掌握客观对象的。比如欣赏一朵花，必须凝神观赏花的“这一个”形象，如果按照植物学家的办法行事，就见不到花的美。泰戈尔在《飞鸟集》中写道：“采摘花瓣时，得不到花的美丽。”鲁迅讲得更为明确，他说：“这正如摘花者，除尽枝叶，单留花朵，折花固然是折花，然而花枝的活气却尽夭了。”正因为审美欣赏要从整体上把握对象的活生生的形象，其心理活动过程与学习理论、阅读科学著作就有所不同，而有其特殊性。

例如，某学校老师让学生欣赏米开朗琪罗的著名雕塑《大卫》，从对这个美的形象的感受开始，欣赏他那厚实健壮的身躯，充满力量的臂膀，头部微俯，怒目直视，右腿前跨，右手下垂握石，左手拿着肩上的“甩石带”的迎战雄姿，给学生以壮美的强烈感受。几乎同时，学生的情绪被感染了，感情被激发了，于是精神振奋，意气风发，产生一种似乎有要同他一起投入战斗的渴望。在此之后，教师进一步让学生知晓《圣经·旧约》中大卫杀敌卫国的故事，并了解米开朗琪罗当时痛恨暴君，向往民主与共和的思想倾向，让学生进一步思索，从而认识到：米开朗琪罗之所以要塑造大卫的形象，并不是要单纯再现《圣经》中的传说故事，而是要表达他反对封建专制制度，保卫民主共和国的人文主义理想。通过这样的认识和理解，学生对大卫形象的感受更清楚、深切，情感体验会更鲜明、强烈了，从而受到了美的熏陶。

温馨提示

在艺术欣赏中，青少年一定要做到把感受、想象、情感融合起来，只有感受、想象、情感、理解相互结合、相互影响，才会形成完整的审美状态。

在实际的审美活动中，各种心理功能的具体组合、运用是十分复杂微妙的，目前还不能够以科学手段准确测定出来。由于人的生活经历、思想情感、个性气质、趣味爱好的不同，诸多心理功能的发展是不平衡的，存在着明显的差异。有的人感受力特别敏锐，善于捕捉事物的形象特征；有的人想象力非常活跃，由此及彼，浮想联翩；有的人情感十分丰富，喜则笑逐颜开，悲则痛哭流涕；有的人精于分析思考，由表及里，深得意蕴。从审美对象说，山水花鸟等自然美，直接感知、体验占有突出的地位；社会美重在内容，认识或理解起着重要作用；抒情作品则较能激起人们的想象和情感。尽管这些心理功能的组合运用各不相同，不过总是共同发生作用，只是某一功能表现得突出、强烈些，另一功能表现得曲折、隐晦些，**单一的心理功能是不能形成完整的审美活动的。**

审美统摄力既然是由于感知、想象、情感、理解等心理因素有机构成的“合力”，那么它们之间的相互联系、相互制约、相互渗透，必然产生一种新的思维能力。它既可弥补某一心理功能的不足和缺陷，使之富有新的活力，又可使诸心理功能共同协作，和谐发展，把审美活动引向深入。如果一个青少年缺乏审美统摄力，只是靠某一两种心理功能起作用，就说明他们还没有具备健全的审美心理，对美的感受、认识就可能产生片面性，形成不了最佳的审美效果，或浅尝辄止，或视而不见甚至美丑不分。如有人把审美看作只是生理感官的刺激，把美感与快感混同，一味追求声色口腹之乐，那就不仅不能享受美的愉悦，反而亵渎了美。

审美统摄力实质上是人的健全的、完备的审美心理结构。其基本特点是感知、想象、情感、理解等心理功能的全面发展、自由和谐地运动。审美心理结构是否健全、完备，是衡量一个人的精神文明、审美能力高低的一个重要标准。审美心理结构的形成，审美能力的提高，也离不开审美实践活动，它与人们的生活经历、思想修养、文化知识水平是紧密联系着的。

5. 审美创造力的培养

审美能力的培养不只是培养人静观美，欣赏美的能力，更重要的是提高人的审美创造力。审美创造力，既表现于文学艺术领域，也体现在社会生活的各个方面。高尔基说过："人都是艺术家，他无论在什么地方，总是希望把.美.带到他的生活中去。"美是社会实践的产物，"劳动创造了美"。人在改造自然和社会的活动中，总是要按照"美的规律"去创造美的产品、美的生活、美的世界的。

人们如果缺乏实践的锻炼，不具备必要的技能技巧，那就会在美和艺术的创造中，产生主观愿望与客观实际、艺术构思和艺术成果之间的矛盾，出现眼高手低，心手异离的窘况。对此，许多诗人、艺术家深知其中甘苦，并从理论上作出了总结，对我们认识掌握方法、技巧的重要性很有启发。

在审美创造过程中，人们观念中形成的美妙的构思、蓝图，还是属于认识性的东西，还必须自觉地运用技巧，进行实际创造，以物质形式表现出来，才算完成了预定的任务。技能技巧的运用是一种实践性的活动，是完成美的创造的一种实际能力，不是可有可无而是至关重要的。

审美创造的技能技巧，简言之，它是人们适应和征服物质材料、创造美好事物的实际本领和能力。任何审美创造都要有一定的物质材料作基础，巧妇难为无米之炊，但米不是做好了的粥和饭，物质材料本身不是已经成形了的美的产品。只有当人们按照"美的规律"，运用熟练的技能技巧，对物质材料予以加工、改造和重新组合，形成富有表现力的整体，充分反映出人的才能、智慧和力量，并能引起人们精神上的满足或愉悦，才真正具有审美价值。例如：某校老师在手工课上教学生把一张张纸折成各式的小工艺品，并且在折叠过程中向学生渗透审美创造意识，学生通过看到一张普通的纸片并不美，但折成小工艺品后就很美这一过程，提高了审美创造力。

审美创造不可能凭空进行，需要一定的物质材料作依据，表情达意离不开一定的物质媒介和载体。比如音乐用声调旋律，绘画用线条色彩，舞蹈用形体动作，文学用语言文字等。艺术的不同的物质媒介，决定各自特殊的技能技巧，形成特殊的艺术语言，所以，审美创造的技能技巧首先表现在人们能够适应物质材料、媒介的特性，以特殊的方式认识和表现生活。不同类型的艺术家所以会有各自专业性的技能技巧，道理即在于此。英国著名美学家鲍桑葵说："任何艺人都对自己的媒介感到特殊的愉快，而且的。他的受魅惑的想象就生活在他的媒介的能力里；他靠媒介来思索，来感受；媒介是他的审美想象的特殊身体，而他的审美想象则是媒介的唯一灵魂。"对贝多芬来说，他对生活的一切感受、思索都化为了旋律；莫奈可以说是生活在色彩的世界里，大概梦也是五彩缤纷的；罗丹则是用形体来和同代人、后代人进行对话的。

温馨提示

如果把美的创造比作过河，那么方法、技巧就是船或桥，有了船或桥，才能顺利地达到理想的彼岸。

美和艺术的创造是艰苦的事业，技能技巧是长期实践的结晶。艺术家们为了艺术上精益求精，无不呕心沥血，勤学苦练。唐代诗人李贺每天一大早就骑着瘦马出门，苦思冥想觅得佳句，当即记下，投入锦囊。他的母亲知道后心疼地说："是儿要呕出心乃已耳!"齐白石画虾，兴之所至，信笔挥洒，浓淡相宜，神情毕肖，那透明而又富有弹力的躯体，那浮游自如的动势使人感到不是画在纸上，而是“活”于水中。“功夫深处始天然”，白石老人从少年时代起就画虾，“数十年始得其神”，他常说：“余之画虾已经数变，初只略似，一变逼真，再变色分深淡，此三变也。”从上述可见，没有“衣带渐宽终不悔”的探索精神，技能技巧就不可能达到炉火纯青的地步。审美创造必须在技能技巧上下大功夫、苦功夫。

技能技巧是审美创造的一种实际本领和能力，必须在生活和艺术的实践中进行培养和提高，学习一点技法理论是必要的，但如果只停留在“坐而论道”上是不行的。鲁迅早就指出过读几本“小说作法”、“作文秘诀”成不了真正的作家。业精于勤，艺无止境，技能技巧不可能唾手可得，一蹴而就。只有在长期刻苦的学习和锻炼中，方能进入随心所欲而不逾规的境界。